LE BLANC ET LE NOIR,

DRAME.

LE BLANC ET LE NOIR,

DRAME

EN QUATRE ACTES ET EN PROSE,

PAR PIGAULT-LEBRUN;

Représenté et tombé sur le Théâtre de la Cité, le 14 Brumaire de l'an IV.

Quiconque s'efforce de justifier le système de l'esclavage, mérite du philosophe un profond mépris, et du nègre un coup de poignard.

RAYNAL, *tome IV, page 225.*

A PARIS,

Chez MAYEUR, Libraire et Commissionnaire, cour Mandar, n.° 93;

Et BARBA, Libraire, rue S.-André-des-Arcs, en face de la rue Git-le-Cœur.

AN IV.

PRÉFACE.

J'AI lu Raynal, & j'ai écrit cet ouvrage.

Je vais entrer dans quelques détails extraits de cette histoire si intéressante pour les ames sensibles, & dont l'auteur aurait des autels chez les nègres, si les nègres savaient lire.

Sur les bords du Niger, les femmes sont presque toutes belles par la justesse des proportions ; modestes, tendres & fidelles, un air d'innocence règne dans leurs regards & annonce leur timidité. Leur accent est extrêmement doux ; leurs noms seuls en indiquent le charme : Zélia, Calipso, Fanni, Zamé. Les hommes ont la taille avantageuse, la peau d'un noir d'ébène, les traits & la physionomie agréables. L'habitude de faire la guerre aux bêtes féroces leur donne une contenance noble. Leurs maisons sont construites de branches de palmier, couvertes d'osier ou de roseaux. Les meubles sont des paniers, des pots de terre, des nattes qui servent de lit, des calebasses avec lesquelles on fait tous les ustensiles. Une ceinture couvre les reins, & tient lieu de vêtement. On se nourrit de gibier, de poisson, de fruits, de riz, de maïs ; le vin de palmier sert de boisson. Les arts sont inconnus, & ces peuples seraient heureux, si la cupidité des Européens n'en égorgeait mille, pour faire cent esclaves.

La plus grande partie de l'Afrique est divisée en petites peuplades gouvernées par des chefs qui n'attachent aucune idée à la gloire des conquêtes. L'esprit de rapine & de brigandage leur met seul les armes à la main. Les Portugais imaginèrent en 1530 de faire cultiver par des nègres leurs possessions d'Amérique. Alors les malheureux Africains s'armèrent pour faire des prisonniers, qui d'avance étaient condamnés à l'esclavage. Cent petits souverains trafiquèrent de leurs sujets; leur avarice leur arracha bientôt les lois les plus atroces & les plus absurdes. Ils punirent par l'esclavage l'assassinat, le vol, les débiteurs insolvables, l'adultère, & par suite les fautes les plus légères. Dans un grand éloignement des côtes, il se trouve des chefs qui font enlever autour des bourgades tout ce qui s'y rencontre. On jette les enfans dans des sacs, on met un bâillon aux hommes & aux femmes pour étouffer leurs cris, & on les traîne pour les vendre à Cabinge, Loango, Malymbe, qui sont des ports sur la côte d'Angola.

Les Européens ont détruit en peu de temps l'espèce humaine dans le nouveau monde; ils dépeuplent insensiblement l'Afrique en entretenant ces guerres cruelles & injustes. En 1768, il est sorti d'Afrique cent quatre mille cent esclaves. Année commune, il en sort soixante mille; & quatorze cent mille malheureux qu'on voit aujourd'hui dans les colonies européennes, sont les restes infortunés de neuf millions d'esclaves qu'elles ont reçus. Cette destruction horrible n'est pas l'effet du climat, qui se rapproche beaucoup de celui de l'Afrique: sa source est dans le mauvais gouvernement des esclaves.

En effet, une cabane étroite, mal-saine, sans commodités, leur sert de demeure. Leur lit est une claie plus propre à briser le corps qu'à le reposer. Quelques pots de terre, quelques plats de bois, forment leur ameublement. La toile grossière qui cache une partie de leur nudité, ne les garantit ni des chaleurs insupportables du jour, ni des fraîcheurs dangereuses des nuits. Ce qu'on leur donne de nourriture soutient à peine leur malheureuse existence. Privés de tout, ils sont condamnés, dans un climat brûlant, à un travail continuel, sous le fouet toujours agité d'un conducteur féroce.

On exige des négresses des travaux si durs pendant & après leur grossesse, que leur fruit n'arrive pas à terme ou survit peu à l'accouchement. Des mères, désespérées par des châtimens que la faiblesse de leur état leur occasionne, ont arraché leurs enfans du berceau, & les ont étouffés dans leurs bras, dans un accès de fureur & de pitié, pour en priver des maîtres barbares.

La cruauté des maîtres est punie par la négligence, l'infidélité, la désertion, le suicide de leurs esclaves. L'esprit de vengeance fournit à quelques-uns des moyens plus destructeurs encore. Instruits dès l'enfance dans la connaissance des poisons qui naissent, pour ainsi dire, sous leurs mains, ils les emploient à faire périr les bœufs, les chevaux, les mulets, les compagnons de leur esclavage, tout ce qui sert enfin à l'exploitation des terres de leurs oppresseurs. Pour écarter le soupçon, ils essaient leur cruauté sur leurs femmes, leurs enfans, leurs maîtresses. Ils goûtent le double plaisir de délivrer leur espèce d'un joug plus horrible que la mort, & de laisser leurs tyrans dans un état de misère qui les rapproche de leur situation. La crainte des supplices ne les arrête pas : ils tiennent leur secret à l'épreuve des tortures ; ils les soutiennent avec une fermeté inébranlable.

Les blancs croient atténuer leur barbarie en calomniant ces infortunés. Ils en font des êtres atroces, que

la crainte seule peut contenir ; des hommes bruts, sans intelligence, sans sensibilité. Hé! quel blanc conserverait les facultés de son ame, réduit à la vie déplorable des nègres ? quel blanc n'éprouverait la soif de la vengeance, avec les mêmes motifs de haine & de fureur ? Qu'on se rappelle ces traits sublimes qui démentent les détracteurs des noirs, ces traits qui les ont quelquefois étonnés. Ici, l'un de ces malheureux se coupe le poignet d'un coup de hache, plutôt que de racheter sa liberté par le ministère de bourreau. Là, un nègre maron apprend que son ancien maître est arrêté pour assassinat. Il vient s'en accuser lui-même, se met dans les fers, fournit de fausses preuves, & subit le dernier supplice. Un vaisseau anglais laisse son chirurgien malade chez Cudjoe, nègre de la Guinée. Pendant sa convalescence, un bâtiment hollandais s'approche de la côte, met aux fers les noirs que la curiosité avait attirés sur son bord, & s'éloigne rapidement avec sa proie. Les amis, les parens de ces captifs courent chez Cudjoe pour massacrer le chirurgien. Ce nègre, féroce, insensible, inepte, les arrête & leur tient ce discours : « Les Européens qui ont ravi nos conci-
» toyens, sont des barbares ; tuez-les, quand vous les
» trouverez. Mais celui qui loge chez moi, est un être
» bon, il est mon ami ; ma maison lui sert de fort ;
» je suis son soldat, je le défendrai : avant d'arriver à
» lui, vous passerez sur mon corps expirant.

Des Anglais débarquent sur les côtes du continent pour y faire des esclaves. Ils sont découverts par les Caraïbes qui fondent sur la troupe ennemie & la mettent à mort ou en fuite. Un jeune homme long-temps poursuivi se jette dans les bois. Une Indienne le rencontre, sauve ses jours, le nourrit secrétement & le conduit quelque temps après sur les bords de la mer. Une chaloupe vient le prendre. Sa libératrice était jeune & tendre ; elle le suit au vaisseau ; on arrive à la Barbade ; le monstre vend celle qui lui avait conservé la vie, qui lui avait donné son cœur & prodigué les trésors de l'amour.

L'excès du malheur ramène l'homme au sentiment de sa dignité & de sa force. Les nègres s'insurgerent souvent & presque toujours sans succès. Au mois de Février 16 3, soixante-treize noirs, réunis dans une même habitation à Berbiche, égorgent leur tyran, & font entendre le cri de liberté. Ils sont remis sous le joug.

Les naturels de la Barbade, trop timides pour se venger des blancs, communiquent leur ressentiment aux nègres, qui avaient encore plus de motifs de haïr les Anglais. D'un commun accord, les esclaves jurent la mort de leurs tyrans. Le secret fut si bien gardé que, la veille de l'exécution, la colonie était sans défiance. Un perfide, un lâche avertit son maître. On arrêta la nuit suivante les esclaves dans leurs loges. Les chefs furent exécutés dès le point du jour. Le reste se soumit, servit & souffrit.

Lorsque les Espagnols furent obligés d'abandonner la Jamaïque à l'Angleterre, ils y laissèrent un assez grand nombre de nègres & de mulâtres, qui, las de l'esclavage, prirent la résolution de fuir dans les montagnes. Ils plantèrent du maïs & du cacao dans les lieux les plus inaccessibles. Mais l'impossibilité de subsister jusqu'à la récolte, les fit descendre dans la plaine qu'ils pillèrent. Les colons s'armèrent contre ces ravisseurs. Plusieurs furent massacrés ; le plus grand nombre se soumit. Cinquante ou soixante trouvèrent encore des rochers pour y vivre ou mourir libres.

Le nombre des fugitifs augmenta tous les jours. On vit les nègres déserter par essaims, après avoir massacré leurs maîtres & dépouillé les habitations qu'ils livraient aux flammes. Leur nombre accrut leur audace. Jusque-là ils s'étaient borné à fuir; bientôt on les vit attaquer & faire d'horribles dégâts dans les plantations. En vain furent-ils repoussés avec perte dans leurs montagnes; en vain construisit-on des redoutes pour les contenir; leurs ravages continuèrent. Enfin les blancs résolurent d'employer toutes les forces de la colonie pour détruire un ennemi si justement implacable.

Tous les colons se partagent en corps de troupes: on marche aux noirs par différentes routes; on attaque la ville de Nanny qu'ils avaient bâtie eux-mêmes dans les montagnes bleues. Elle était fortifiée sans règle & dépourvue d'artillerie; elle fut bientôt réduite. Les autres entreprises n'eurent que des succès balancés par des pertes. Les noirs se jetaient sur l'épée des Européens pour leur plonger un poignard dans le cœur; enfin les réfugiés se retranchèrent dans des lieux inaccessibles, résolus de n'en plus sortir, & bien assurés d'y vaincre. Après neuf mois de combats & de courses, on renonça à l'espoir de les soumettre. Trelaunay, gouverneur de la colonie, sentit enfin que de tels hommes ne seraient jamais réduits par la force; il eut recours à des ouvertures pacifiques. On leur offrit la liberté, l'indépendance & des terres à cultiver; on consentit qu'ils en jouissent sous des chefs choisis par eux; & ce traité, jusqu'alors inoui pour des nègres, fut accepté avec une joie réciproque. Cette république s'établit sur des bases inébranlables, parce qu'elle était composée d'hommes énergiques, sans besoins & sans vices.

Les prisonniers faits pendant cette guerre sur ces malheureux, furent attachés vivans à des gibets, où ils périrent lentement, consumés par le soleil ardent de la Zône Torride; supplice plus cuisant, plus affreux, que celui du bûcher. Leurs tyrans savouraient avec avidité les tourmens de ces misérables, dont le seul crime était d'avoir voulu recouvrer des droits que l'avarice & l'inhumanité leur avaient ravis.

Telle est la donnée générale sur laquelle mon Drame est établi. Cet ouvrage qui durait neuf quarts d'heure à la représentation, a été entendu trois fois, sans le moindre signe d'improbation; mais avec un silence désespérant pour l'auteur, trois fois les spectateurs ont pleuré, & fâchés probablement d'avoir pleuré, jamais ils n'ont voulu applaudir. Je me suis exécuté loyalement, & j'ai retiré la Pièce. J'observerai simplement à la partie du public qui lit assez couramment pour lire cette Préface *très-lisiblement imprimée*. Je lui observerai, dis-je, que ce même public m'a souvent traité en enfant gâté, quand je l'avais bien moins mérité. Oh, mes chers contemporains, que nous sommes bêtes en masse! quelques journalistes m'ont fait l'honneur de dire du mal de cet ouvrage. L'un d'eux jadis censeur royal (& tout le monde sait que l'approbation d'un censeur royal équivalait à-peu-près à un brevet de sotise). Ce censeur royal donc, a bien voulu me faire sur mon style les reproches les plus amers, à moi qui ne lui ai jamais rien reproché, pas même son entrée à l'Académie française.

PERSONNAGES. ARTISTES.

BEAUVAL père, riche colon de Saint-Domingue. *Amiel.*

BEAUVAL fils. . . . . *Valienne.*

TÉLÉMAQUE, } Nègres esclaves. { *Villeneuve.*
SCIPION,

MATHIEU, Econome de l'habitation Beauval. *Pelissier.*

BARTHELEMI, Courtier. . . . . *Roseval.*

ZAME, Négresse esclave. . . . . , ... *La C.*

Nègres, Négresses, Soldats.

La scène est à Saint-Domingue, près du Cap.

LE

LE BLANC ET LE NOIR,

DRAME

EN QUATRE ACTE ET EN PROSE.

ACTE PREMIER.

Le fond du théâtre représente des rochers. Depuis la coulisse de gauche jusqu'au milieu du théâtre, des nègres et négresses travaillant dans les roches. Le commandeur est derrière eux le fouet à la main; l'économe va et vient et examine ce qui se passe. Au bas des rochers dans la partie droite du théâtre sont les cases des nègres, ombragées de quelques arbustes du pays. A la gauche est la case du Colon.

SCÈNE PREMIÈRE.

TÉLÉMAQUE, BEAUVAL *fils.*

Au lever du rideau, ils sont assis sous des palmiers près l'avant-scène, et se parlent affectueusement.

BEAUVAL *fils.*

Le beau jour, mon cher Télémaque!

TÉLÉMAQUE.

Ils le sont tous pour les êtres fortunés.

BEAUVAL *fils.*

Ces palmiers nous garantissent de la chaleur.

TÉLÉMAQUE.

Nous seuls jouissons de leur ombrage.

BEAUVAL *fils.*

Regarde, mon ami, quel magnifique tableau nous offre la nature.

TÉLÉMAQUE.

Monte sur ces rochers, tu y verras la nature souffrante.

BEAUVAL *fils.*

De tristes idées t'affligent sans relâche.

TÉLÉMAQUE.

Je suis homme, et je m'attendris sur les maux de mes semblables.

BEAUVAL *fils.*

Hé! que suis-je donc.

TÉLÉMAQUE.

Un ami de l'humanité, que tes préjugés ont égaré quelquefois, mais dont l'active compassion a souvent séché les larmes du malheureux africain.

BEAUVAL *fils.*

Je n'ai pas fait tout le bien que j'aurais voulu faire. Je dépens d'un père, dont les principes ne sont pas les miens; mais dans quelques années, peut-être, je vous consolerai des peines que vous aurez endurés, je serai avare de votre sang, économe de vos sueurs, et la mère inquiète et sensible n'arrosera plus de ses pleurs le berceau de son enfant.

Attendons avec patience des jours que vous pouvez desirer, et que mes vœux ne doivent point prévenir. L'infortune ne t'atteindra plus mon cher Télémaque : ma tendre amitié veille sur toi ; tu es heureux enfin.....

TÉLÉMAQUE.

Autant que peut l'être un esclave.

BEAUVAL *fils*.

Rappelle-toi le passé, tu jouiras du présent. Un travail continuel et forcé, un soleil brûlant, qui séchait ton sang dans tes veines, des nuits trop courtes pour reposer tes membres exténués, une loge étroite et mal saine, des alimens grossiers et insuffisans, un fouet toujours levé, et pour prix de tes efforts une vieillesse prématurée et malheureuse ; tel fut ton sort pendant cinq ans, telle était la triste et inévitable perspective que t'offrit long-temps ta mauvaise fortune. Aujourd'hui......

TÉLÉMAQUE.

Aujourd'hui je suis encore un être dégradé, quoique mon ame grande et fière soit enfin indépendante. Je méconnus long-temps son activité et son énergie. Rangé parmi les animaux domestiques, j'avais contracté leur soumission aveugle, leur stupide bassesse ; je végétais, je languissais accablé du fardeau de la vie. Un châtiment injuste et cruel reveilla cette ame assoupie, un trait de lumière m'éclaira sur mes droits méconnus et violés ; je cédai au besoin de venger mon sang qui venait de couler sous un fouet impitoyable ; je me précipitai sur un barbare, je le renversai, je le saisis à la gorge, et j'allais l'étouffer ; tu parus ; tu arrachas le monstre de mes mains, et frappé de mon courage, étonné des idées fortes, qui se heurtaient dans ma tête exaltée, de ces pensées nerveuses communes à tous les hommes, mais qui s'effacent enfin dans l'esclavage et le malheur, tu t'intéressas à mon sort, et tu parvins à l'adoucir. Tu ne dédaignas pas un infortuné que la nature a fait ton frère, et que les préjugés et la force destinaient à n'être que l'instrument de la cupidité. Tu m'appris à parler, à penser, tu fis de moi un homme, et tu acquis un ami. Chaque jour ajouta à tes bienfaits. (*Montrant les nègres.*) Tu m'as séparé de ce malheureux troupeau; tu as obtenu de ton père qu'il m'attachât à l'intérieur de sa maison. Un travail modéré, une nourriture abondante, un logement agréable et commode, voilà ce que je te dois. Peut-être un jour te prouverai-je ma reconnaissance; je ne t'en parlerai jamais. Ta récompense est dans ton cœur, que ton cœur en jouisse; le mien t'aime et te bénit en silence.

BEAUVAL *fils.*

Non, ne me parle pas de reconnaissance. J'ai fait ce que j'ai dû, ce que j'ai pu.....

TÉLÉMAQUE.

C'est la première fois que je te rappelle tes bienfaits, mon ami, ce sera la dernière. Celui qui exige un prix de ses services n'aime pas les hommes, il ne connait que l'orgueil. Ton sort est de cultiver la vertu, de l'aimer, de la rendre aimable: remplis ta destinée, et laisse aux blancs leur avarice, leurs crimes....

BEAUVAL *fils.*

Et leurs remords.

TÉLÉMAQUE.

Celui qui connait le remords n'est pas loin de redevenir vertueux. Les blancs en sont incapables.

BEAUVAL *fils.*

Plaignons-les, ne les haïssons pas.

TÉLÉMAQUE.

Je plains le faible, je hais le crime, je le poursuis dans mes bourreaux.

BEAUVAL *fils.*

Tirons le rideau sur les malheurs sans cesse renaissans, dont nous accablons votre déplorable espèce. Sois modéré dans ta conduite, borné dans tes desirs, heureux de tes jouissances actuelles, plus heureux encore par l'espoir d'un autre avenir. Livre-toi aux impressions de l'amitié, elle effacera le souvenir de tes peines passées; elle adoucira les désagrémens de ta condition présente. Si tu es raisonnable, que peux-tu vouloir de plus ?

TÉLÉMAQUE.

La liberté.

BEAUVAL *fils*.

Je ne puis te la rendre encore.

TÉLÉMAQUE.

Puis-je ne pas la desirer !

BEAUVAL *fils*.

Tu peux au moins l'attendre avec patience. Ton esclavage est supportable.

TÉLÉMAQUE.

Tu n'as adouci que le mien. Mon cœur brûle sur ces rochers, où les feux du midi dévorent ce que j'aime.

BEAUVAL *fils*.

Tu aimes, mon ami, et tu me l'as caché.

TÉLÉMAQUE.

J'ai craint de t'affliger en te confiant ce nouveau genre de peines.

BEAUVAL *fils*.

Si je ne peux les calmer, je les partagerai. Parle, malheureux.

TÉLÉMAQUE.

Vois sur la cîme de ce rocher cette infortunée couverte d'un lambeau de toile, qui ne peut la garantir ni de la chaleur du jour, ni de la fraîcheur des nuits. Regarde-là s'appuyer sur une bêche, que ses bras ne peuvent plus soulever. Vois le féroce commandeur qui la menace et qui exige d'elle des efforts impossibles. Ses regards se tournent vers nous, ses soupirs m'appellent et semblent t'implorer.... Terre qu'on n'a rendue fertile qu'à force de forfaits; terre odieuse, qui tous les ans reçois dans tes entrailles des milliers d'africains, et qui leur fais acheter la mort par les tourmens et le désespoir, qui tuent trop lentement et trop tard, ne vengera-t-on jamais les victimes, dont les cadavres épars servent à te féconder? Les blancs, ces ennemis de la nature, n'apprendront-ils pas à frémir, en voyant cette terre humectée du sang et des sueurs de mes compatriotes?..... Européens, c'est à ce prix que vous mangez du sucre.

BEAUVAL *fils.*

Calme-toi, mon ami, calme-toi.

TÉLÉMAQUE.

Et pas une goute d'eau pour rafraîchir ses lèvres desséchées! Zamé! Zamé!..... le bon Scipion lui en présente..... que le ciel te bénisse, infortuné, que le sentiment de tes maux n'empêche pas de compatir à ceux de tes semblables.

BEAUVAL *fils.*

Cesse de te livrer à des transports inutiles, et peut-être dangereux. Ne déplorons pas les malheurs de Zamé: cherchons-en le remède. Dis-moi, que puis-je pour elle?

TÉLÉMAQUE.

Tu me le demandes? ne vois-tu que moi dans la nature? suis-je le seul à qui tu doives des secours?

BEAUVAL *fils.*

Il n'y avait qu'une place à donner dans la maison: je te l'ai fait obtenir.

TÉLÉMAQUE, *tristement.*

C'est vrai : il n'y en avait qu'une.

BEAUVAL *fils.*

Une femme ne pouvait convenir.....

TÉLÉMAQUE.

Et c'est ce qui m'afflige.

BEAUVAL *fils.*

Quel autre moyen.....

TÉLÉMAQUE.

Mon ami, tu es riche.

BEAUVAL *fils.*

Je le serai un jour.

TÉLÉMAQUE.

Et maintenant tu ne peux rien?

BEAUVAL, *fils.*

Je n'ai pas un ami dans toute la colonie. Je suis, dit-on, le protecteur des noirs, le censeur perpétuel des blancs; ils me négligent, ils m'évitent, ils me haïssent sans doute.

TÉLÉMAQUE.

La haine des méchans est un hommage à l'homme de bien.

BEAUVAL *fils.*

Mais l'homme de bien n'en peut tirer aucun avantage. Espère cependant. Mon père me fait une pension, que jusqu'à présent j'ai employée à des superfluités. J'en ferai un plus digne usage; j'en serai économe; je m'interdirai tous les plaisirs pour n'en connaître qu'un, celui de te servir. Dès ce moment cet or est sacré; il paiera la liberté de Zamé, et une fois au moins ce métal m'aura servi à consoler l'humanité souffrante.

TÉLÉMAQUE, *après avoir embrassé son ami.*

On peut supporter ses maux quand on en prévoit le terme. Il est encore éloigné : que l'espérance, par une douce illusion, le rapproche et me soutienne. (*Il entre dans la grande case.*)

SCÈNE II.

BEAUVAL *fils, seul.*

Ils ont reçu, comme nous, un cœur de la nature, et ce cœur, flétri par la crainte, n'attend qu'une main bienfaisante qui daigne le ranimer. Toujours prêt à se livrer à la sensibilité, à l'amitié, à la reconnaissance, le bon Télémaque prouve aux détracteurs des noirs, que les vertus sont de tous les climats et de toutes les couleurs.

SCÈNE III.

BEAUVAL *fils*, MATHIEU.

MATHIEU, *descendant les rochers.*

Il faut que ce terrein soit préparé aujourd'hui. Il y a beaucoup à faire ; mais quelque peu de sueur encore, et demain cette partie sera plantée. Bon jour, monsieur Beauval.

BEAUVAL *fils, séchement.*

Bon jour, monsieur.

MATHIEU, *s'essuyant le visage.*

Il fait horriblement chaud aujourd'hui.

BEAUVAL *fils.*

Vous vous plaignez, vous qui n'avez que des ordres à donner ! que peuvent dire ceux qui les exécutent ?

MATHIEU.

Ce sont des noirs.

BEAUVAL *fils.*

Ce sont des hommes.

MATHIEU.

Oh, nous allons recommencer nos éternelles disputes! je vous l'ai dit, monsieur, je ne suis pas philosophe.

BEAUVAL *fils.*

Hé, monsieur, jamais je ne vous ai soupçonné de l'être.

MATHIEU.

Savoir planter à propos, récolter dans le bon tems, vendre cher, acheter bon marché, voilà ma philosophie à moi, et c'est la véritable, puisqu'elle mène à la fortune. Je ne crois pas que la vôtre ait jamais enrichi personne; aussi ne fais-je pas grand cas de ces principes nouveaux, qu'à la vérité je n'entends pas trop.

BEAUVAL *fils.*

Je le crois.

MATHIEU.

Je ne pense jamais, moi, cela fatigue; et pour tirer du temps un parti plus avantageux, pour éviter des distractions ennuieuses à la longue pour un propriétaire, j'ai défendu aux nègres de penser.

BEAUVAL *fils.*

Ah! vous ne voulez pas qu'un nègre pense!

MATHIEU.

Non, je veux qu'il travaille.

BEAUVAL *fils.*

Et qu'il n'ait pas une idée à lui?

MATHIEU.

Je trouve qu'on vit fort bien sans idées.

En effet, vous jouissez d'une santé parfaite.

MATHIEU.

Parce que j'exerce sobrement le physique, et que je ne fatigue jamais le moral. Il serait charmant, n'est-ce pas, de voir un économe divaguant à la journée, au milieu de deux cents nègres, s'occupant à faire des orateurs, des savans, des penseurs?

BEAUVAL *fils*.

Non, Monsieur, il ne faut pas faire des savans; il faut être humain.

MATHIEU.

Humain! humain! tenez, tout cela est admirable, doré sur tranche et relié en maroquin. Mon métier à moi, est de faire du cacao, du café, de l'indigo, du sucre; voilà le bon, le vrai, le solide; et cela ne pousse pas, ne mûrit pas, ne se récolte pas avec des argumens. Des bras, des bras; voilà ce qu'il me faut.

BEAUVAL *fils*.

Vous en avez, et qui de votre aveu, surpassent quelquefois votre attente.

MATHIEU.

N'importe, je me plains toujours. Si ces drôles-là me croyaient content d'eux, ils se relâcheraient bientôt. Aussi, je presse, je menace, je châtie; le travail se fait avec une activité.......

BEAUVAL *fils*.

Et le désespoir s'empare de ces malheureux.

MATHIEU.

Oh! ce sont leurs affaires; je ne me mêle pas de cela. J'ai calculé ce que doit rapporter un nègre par an, par mois, par jour. Il faut de gré, ou de force, qu'il remplisse sa destination; et quand il est usé, un autre le remplace.

BEAUVAL *fils*, *indigné*.

Vous périrez d'une mort tragique, ou il n'y a pas de providence.

MATHIEU, *effrayé*.

Que dites-vous, monsieur, que dites-vous ? serais-je menacé d'une insurrection.

BEAUVAL, *fils*.

Voilà bien les oppresseurs ! cruels et lâches à-la-fois, ils se ressemblent tous.

MATHIEU.

C'est que cela vaut la peine d'y penser, et le danger vous serait commun avec moi.

BEAUVAL *fils*.

L'ami des hommes ne saurait les craindre.

MATHIEU.

C'est fort bien. Si cependant vous saviez quelque chose......

BEAUVAL *fils*.

Je ne sais rien.

MATHIEU.

Parole d'honneur.

BEAUVAL *fils*.

Je ne mens jamais.

MATHIEU.

Ecoutez donc, je ne serais pas étonné du tout qu'il y eût quelque projet en l'air, quelque sourde machination. Ce grand vaurien de Télémaque, dont vous m'avez défait, peut-être très-à propos, était un péroreur éternel, paresseux, gâtant les autres, tendant visiblement à la ruine de l'habition, enfin......

BEAUVAL *fils*.

Arrêtez, monsieur, et ne jugez point au hasard un homme

que vous ne pouvez apprécier. Télémaque n'est plus sous votre dépendance, et loin d'avoir le droit de lui prodiguer des injures, peut-être lui devez-vous des égards.

MATHIEU.

Des égards, monsieur! des égards! vous conviendrez que voilà des mots......

BEAUVAL *fils*.

Non, monsieur, ce ne sont pas des mots. Je me flatte que vous ménagerez mon ami.

MATHIEU.

Dès que monsieur Télémaque est votre ami, il a des droits à mon respect.

BEAUVAL *fils*.

Point d'exagération, s'il vous plaît.

MATHIEU.

Mais vous n'exigerez pas sans doute que ce respect s'étende jusqu'à un petit serpent, qui, j'espère, est sous ma dépendance, et à qui il a communiqué ses lumières et son venin, mademoiselle Zamé, noire comme l'ébène, spirituelle comme un démon, entêtée comme une mule, qu'on écoute comme un oracle, et que je crois très-propre à conduire une conspiration.

BEAUVAL *fils*.

Hé, monsieur, calmez-vous, personne ne pense à conspirer.

MATHIEU.

Vous pouvez avoir raison. Cependant, tout-à-l'heure encore, elle donnait carrière à son imagination, et on applaudissait, et on s'arrêtait, et l'ouvrage n'avançait pas. Je vous ai remis tout cela en train à ma manière favorite; elle est prompte et sûre. (*Il imite le mouvement du fouet.*)

BEAUVAL *fils.*

Hé, quand ces malheureux respireraient un moment!

MATHIEU.

Hé, monsieur, n'ont-ils pas la nuit pour respirer?

BEAUVAL *fils.*

Il est vrai que vous la leur laissez encore.

MATHIEU.

Il le faut bien : on ne peut pas travailler au flambeau. Au reste, monsieur, vous avez vos principes, que je ne me permets pas de blâmer.....

BEAUVAL *fils.*

Je l'espère.

MATHIEU.

Mais j'ai les miens, dont je ne m'écarterai point, et j'ai très-fort notifié à mademoiselle Zamé, qu'à sa première gentillesse, je lui ferais administrer cinquante coups de fouet, appliqués de main de maître.

BEAUVAL *fils, vivement.*

Je vous le défends.

MATHIEU.

Quoi! monsieur....

BEAUVAL *fils.*

Je vous le défends, vous dis-je.

MATHIEU.

Mais, monsieur, vos manières, vos discours sont évidemment subversifs de l'ordre, de la subordination. Vous oubliez que votre père approuve ma conduite, et que je n'ai d'ordres à prendre que de lui.

BEAUVAL *fils.*

Mon indignation m'a emporté trop loin, je l'avoue. Je me

borne à vous prier de ménager Zamé, de la traiter doucement. Entendez-vous, monsieur, c'est moi qui vous en prie. Mes prières peuvent être comptées pour quelque chose.

MATHIEU.

Certainement, monsieur, certainement.

BEAUVAL *fils*.

Mon suffrage peut être aussi de quelque poids à vos yeux.

MATHIEU.

J'en fais sans doute le plus grand cas.

BEAUVAL *fils*.

Songez, monsieur, que je pourrais me souvenir un jour que sans vos calculs infâmes, sans vos lâches suggestions, mon père n'eût jamais suivi que l'impulsion de son caractère, naturellement bon et humain. Vous seul l'avez quelquefois égaré; vous seul l'avez quelquefois rendu barbare. Pensez-y mûrement, monsieur, il est toujours temps de se corriger, et de connaître enfin la noble ambition de devenir estimable. (*Il sort.*)

SCÈNE IV.

MATHIEU, *seul*.

Je ne conçois rien à la négligence de son père. Il devrait penser sérieusement à guérir cette imagination malade. Ce jeune homme n'entendra jamais rien à la culture. Ses voyages ont commencé à lui gâter l'esprit, et maintenant il passe son temps à lire des rêveries philosophiques qui le perdront tout-à-fait. On le verra sacrifier un jour la plus belle habitation, à la philantropie, et me congédier, moi, pour avoir pris trop chaudement ses intérêts. Heureusement qu'en faisant sa fortune, je me suis aussi occupé de la mienne. Cela console de bien des choses.

SCÈNE V.

MATHIEU, BEAUVAL père, *sortant de chez lui.*

BEAUVAL *père.*

Vous rêvez, mon cher Mathieu. Quelque nouvelle spéculation vous occupe sans doute?

MATHIEU.

Ma foi: monsieur, je pensais que le présent est souvent désagréable; et l'avenir toujours incertain.

BEAUVAL *père.*

Comment donc! de la philosophie, vous qui en êtes l'ennemi déclaré?

MATHIEU.

C'est de la philosophie que je viens de faire là? On est donc quelquefois philosophe sans le savoir?

BEAUVAL *père.*

Et alors on doit quelqu'indulgence à ses confrères.

MATHIEU.

Pourvu cependant qu'ils ne nous barrent pas dans nos opérations.

BEAUVAL *père.*

Ah! c'est trop juste: la tolérance doit être réciproque.

MATHIEU.

Oui, c'est une belle chose que la tolérance; mais si vous n'y prenez garde, vous serez au premier jour le propriétaire tolérant de deux cents machines à argumens, qui ne feront rien, et qui ne mangeront pas moins; car, tout en frondant les goûts d'autrui, un philosophe est un animal de bon apétit, et qui ne se refuse rien.

BEAUVAL *père.*

Que voulez-vous dire ?

MATHIEU.

Que malgré mes soins, mon zèle, ma sévérité, il ne s'en est fallu de rien qu'on ne tînt tout-à-l'heure dans ce champ de café une séance d'académie.

BEAUVAL *père.*

Ah, ah !

MATHIEU.

Oui ; monsieur, on raisonne parce qu'on pense, et on pense parce qu'on entend discourir.

BEAUVAL *père.*

N'avez-vous pas ma confiance, ne vous ai-je pas donné mes pouvoirs ?

MATHIEU.

Pour les opérations journallières, d'accord ; mais dans les momens de crise, dans les grands événemens, qui m'embarrassent, qui m'arrêtent.....

BEAUVAL *père.*

Hé ! qui peut donc vous arrêter ?

MATHIEU.

D'abord la conduite des Noirs, qui visent clairement à l'indépendance.

BEAUVAL *père.*

Ce n'est que cela ?

MATHIEU.

Les sentimens trop connus de monsieur votre fils, qui semble se complaire à nourrir et même à autoriser un esprit d'indiscipline..... il me tracasse, il tranche, il ordonne ; il parle sans

sans cesse humanité, comme si on faisait jamais de bonnes affaires avec de l'humanité.

BEAUVAL *père.*

Une mercuriale à mon fils, un acte de rigueur envers les autres remettront tout dans l'ordre.

MATHIEU.

Vous vous chargez de la mercuriale ?

BEAUVAL *père.*

Soyez tranquille ; je lui parlerai.

MATHIEU.

Je me charge, moi, de couper la parole au premier causeur, et d'une manière exemplaire.

BEAUVAL *père.*

Voilà qui est arrangé.

MATHIEU.

Mais il ne suffit pas de chapitrer votre fils : veillez très-exactement sur lui, je vous en prie. C'est une tête exaltée, qui peut faire bien du mal en peu de temps.

BEAUVAL *père.*

Hé! mon ami, tous les jeunes gens n'ont-ils pas des passions et des ridicules ? mon fils s'est passionné pour la vertu ? tant mieux. Je n'aurai à trembler ni pour ses mœurs, ni pour sa réputation, ni pour sa fortune. L'usage du monde, le besoin du plaisir, la facilité de se satisfaire, l'amèneront insensiblement à des sentimens modérés, et à trente ans il sera comme un autre, il jouira de la vie, et fermera les yeux sur bien des choses qui le choquent aujourd'hui.

MATHIEU.

Et à trente ans, il ignorera encore les premiers élémens des affaires.

BEAUVAL *père*.

Hé ! qu'importe ? il trouvera une fortune faite.

MATHIEU.

Pourquoi ne s'occuperait-il pas à l'augmenter encore ? on dissippe quand on n'amasse pas.

BEAUVAL *père*.

Tenez, mon cher ami, à notre âge on ne connaît que deux mobiles, l'ambition et l'intérêt ; et ce qui est étranger à ces deux passions est considéré comme puérile ou dangereux. Convenez cependant qu'une ame, où règnent la droiture, la candeur, l'équité, qui présente à l'imagination attendrie, l'empreinte touchante de la nature, répand, sur ce qui l'environne, un charme séduisant. On semble respirer près d'elle le bonheur et la paix ; on se livre en s'éloignant à cette douce rêverie, qui naît de la persuasion. C'est ce qui m'arrive souvent lorsque je quitte mon fils, et ces momens où je me surprends l'homme de la nature, sont peut-être les plus délicieux de ma vie.

MATHIEU.

Oh ! l'homme de la nature ! c'est quelque chose de joli que l'homme de la nature ! Nud comme un singe, timide comme un lièvre, mangeant froid, buvant chaud, couchant sur une branche, faisant l'amour, à coups de poing, à une guenon, qui répond à ses caresses en lui montrant les dents, voilà l'homme de la nature. Une case d'une propreté recherchée, des meubles élégans et commodes, une table abondante, des vins délicieux, une femme jolie et caressante, une société choisie, des esclaves prevenant le moindre desir ; voilà le sort de l'homme social, et celui-ci vaut bien l'autre.

BEAUVAL *père*.

Comment donc, mon cher Mathieu, vous avez le talent des

portraits, j'aime beaucoup votre homme social. Convenez cependant que celui que vous venez de peindre est malheureusement un peu rare.

MATHIEU.

Un sur mille, à-peu-près; mais que vous importe, puisque vous êtes du nombre des élus? Il serait dur de renoncer à de semblables avantages.

BEAUVAL *père.*

Aussi n'en ai-je nulle envie.

MATHIEU.

Donnez-moi donc carte blanche.

SCÈNE VI.

MATHIEU, BEAUVAL *père*, BEAUVAL *fils*, *dans le fond.*

BEAUVAL *père.*

A la bonne heure. Faites ce que vous croirez nécessaire, en me rendant compte cependant de vos opérations.

MATHIEU.

Voilà ce qui s'appelle parler. J'attaque le mal dans sa racine, je garantis le troupeau d'une épidémie, dès aujourd'hui enfin je vends mademoiselle Zamé.

BEAUVAL *père.*

Cette Négresse me paraît bien constituée; elle est dans toute sa force.

MATHIEU.

Elle n'en trouve plus pour agir, depuis que toute son énergie a passé dans sa tête.

BEAUVAL *père*.

Si vous la jugez dangereuse. . . . . .

MATHIEU.

Infiniment dangereuse. C'est une élève de Télémaque, le bel esprit, le meneur de l'habitation. Il sera prudent aussi d'empêcher ce drôle-là de sortir de chez vous. Je crains la contagion.

BEAUVAL *père*.

Mais, pour éviter l'embarras des précautions, que ne vendez-vous aussi Télémaque?

MATHIEU.

Ce serait le parti le plus sage. Décidément ce sont deux mauvais sujets; mais votre fils s'y intéresse fortement, et il ferait un tapage. . . . .

BEAUVAL *père*.

Mon fils se taira devant moi.

MATHIEU.

Il ne s'agit plus que de trouver un acheteur, et ce n'est pas chose aisée : mauvaise marchandise qu'une paire de philosophes; tout le monde sait que cela n'est bon à rien.

BEAUVAL *père*.

On peut faire un sacrifice.

MATHIEU.

Oui; il faudra perdre quelque chose là-dessus.

BEAUVAL *fils* (*à part.*)

Oh! le détestable homme!

BEAUVAL *père*.

J'apperçois mon fils. Laissez-nous ensemble.

MATHIEU, *à demi voix.*

Je me retire. N'oubliez pas la mercuriale

BEAUVAL *père.*

Je n'oublie rien : comptez sur moi.

MATHIEU.

Et vous sur votre serviteur.

(Il passe devant Beauval fils, qu'il salue d'un air hypocrite ; celui-ci le regarde avec mépris.)

SCÈNE VII.

BEAUVAL *père*, BEAUVAL *fils.*

BEAUVAL *père.*

Mon fils visite ses amis ?

BEAUVAL *fils.*

Mon père vient voir ses esclaves ?

BEAUVAL *père.*

Mes esclaves sont ma richesse.

BEAUVAL *fils.*

L'amitié fait mon bonheur.

BEAUVAL *père.*

Mon fils est toujours exagéré.

BEAUVAL *fils.*

Peut-être ne suis-je que raisonnable.

BEAUVAL *père.*

Hé ! que suis-je donc, s'il vous plait ?

BEAUVAL *fils, (avec aménité.)*

Vous ne croyez pas, mon père, que j'aie voulu vous manquer ?

BEAUVAL *père.*

Non, mon fils, je suis content de votre cœur; je voudrais l'être autant de votre tête.

BEAUVAL *fils.*

Quelquefois, j'en conviens, elle m'emporte au-delà des bornes.

BEAUVAL *père.*

Et souvent au-delà du vrai. Mon ami, l'exagération fait toujours des ennemis, et ne rémédie à rien. L'homme sage voit avec peine les travers de son siècle; mais sa raison s'y plie, et il n'affiche pas l'orgueil insensé de s'ériger en réformateur.

BEAUVAL *fils.*

Quoi, mon père! ....

BEAUVAL *père.*

Écoutez-moi, mon fils. Ma morale vous paraît faible, et même relâchée; mais vous m'approuverez un jour. Vous sentirez enfin qu'une immense fortune ne suffit pas à notre félicité; qu'on n'est vraiment heureux que de la considération publique, de l'amitié de ceux dont nos goûts, nos besoins, nos plaisirs doivent nous rapprocher; que ce n'est pas en frondant continuellement les hommes qu'on acquiert des droits à leur affection; qu'en s'éloignant d'eux, on les éloigne insensiblement de soi, et qu'on ne les ramène pas aisément quand on s'en est fait oublier et peut-être haïr. Ma tendresse, toujours inquiète, toujours active, veut vous épargner des désagrémens inévitables, que votre docilité vous fera prévenir.

BEAUVAL *fils.*

S'il m'était permis de répliquer.....

BEAUVAL *père.*

Laissez-moi finir. C'est peu pour vous de traiter les hommes en général, sans aucun ménagement; vous étendez les effets de votre misantropie, même sur ceux qui ont ma confiance, et qui la justifient. Vos procédés, vos discours les découragent, les rebutent; hé! quel tort ont-ils envers vous que de s'occuper sans relâche de votre bien-être? Je veux oublier avec vous mon autorité et mes droits; je vous épargne même l'amertume que je pourrais mêler à mes reproches. Je suis un ami tendre, qui a à se plaindre de son ami, et qui veut ne parler qu'à son cœur. Ce langage est le seul qui vous convienne, vous l'entendrez, et vous saurez y répondre.

BEAUVAL *fils*, *avec épanchement*.

Hé bien! mon père, puisque vous daignez être mon ami, puisque vous interrogez mon cœur, permettez-lui de s'épancher.

BEAUVAL *père*.

Vous savez avec quel plaisir je vous entends toujours, lors même que nous sommes divisés d'opinion.

BEAUVAL *fils*, *souriant*.

Deux amis discutent librement?

BEAUVAL *père*, *souriant*.

Sans doute.

BEAUVAL *fils*.

Ils peuvent s'expliquer avec chaleur, avec énergie?

BEAUVAL *père*.

Sans difficulté.

BEAUVAL *fils*.

Et sans craindre de se déplaire, et moins encore de s'offenser?

BEAUVAL *père*.

Où règne la contrainte, il n'y a pas d'amitié.

BEAUVAL *fils*, *avec enthousiasme jusqu'à la fin de la scène*.

Le beau moment pour une ame forte et sensible! la belle, la

respectable cause que celle que je vais défendre. Je m'élève contre l'oppression ! Hé ! qu'est - elle que l'abus de la force, et un détestable brigandage ? Je hais, je condamne l'esclavage : qu'est-il en effet qu'un outrage à l'humanité ? De quel droit un homme enchaîne-t-il un autre homme ? s'il a le droit de m'attaquer, j'ai donc celui de me défendre. Si je succombe sous ses efforts, j'ai du moins le droit de laver dans son sang la tache infâmante dont il a flétri mon front. Mais examinons par quels moyens le Colon réduit son semblable à n'être que l'instrument de son avarice et de ses volontés. Il entretient à grands frais la guerre qui fournit les esclaves ; il fait périr mille Africains, pour en amonceler cent dans un vaisseau que le défaut d'air, et le désespoir changent bientôt en un cloaque infect. Deux cinquièmes périssent dans la traversée, et ceux-là sont les moins malheureux. Les autres, arrachés à leur patrie, à leurs parens, à leurs amis, débarquent sur une terre de proscription, où les attend un supplice que la mort seule peut terminer. C'est-là que, sous le fouet toujours agité d'un conducteur féroce, on leur mesure le temps, la nourriture, et jusqu'à l'air qu'ils respirent ; c'est-là qu'on exige le sacrifice absolu de leurs facultés morales, qu'on intercepte la pensée, qu'un soupir est une faute, et qu'un geste est un crime. C'est-là enfin que l'homme, dégoûté de son être, fuit jusqu'aux douceurs de l'amour, qu'il tremble d'être père ; et que la mère, excédée de travaux, accablée de tourmens, ne présente à son enfant qu'une mamelle desséchée et des larmes stériles. O blancs ! blancs ! si ces images ne peuvent vous émouvoir, si votre ame ne se soulève pas contre elle-même, si vous ne sentez pas le trait déchirant du remords, puisse la foudre purger la terre de votre détestable espèce.

BEAUVAL *père.*

Les excès que vous venez de peindre sont heureusement très-rares. Le Colon le plus barbare est contenu par son propre intérêt.

BEAUVAL *fils*.

Contient-il l'orgueil, la colère, la haine, l'amour dédaigné, toutes les passions que produit l'opulence, et qui le subjuguent et l'égarent ? Contient-il un économe, un commandeur à qui il a donné l'horrible droit d'exercer impunément leurs fureurs ? Et pour colorer de telles atrocités, on affecte de calomnier les Noirs, on les peint comme une espèce abâtardie, et cela parce que le crime, rougissant de lui-même, veut se cacher sa propre difformité. Non, les Nègres ne naissent pas vicieux, et vous le savez bien. La nature leur a donné, comme à vous, des organes susceptibles d'intelligence, et un cœur capable d'aimer. Ils sont donc, plus que vous, bons, sensibles, vertueux, quand l'esclavage ne dégrade point leur ame, et quand la soif de la vengeance ne les rend pas féroces. Vous qui comptez sur une éternelle impunité, qui vous livrez à une sécurité aveugle, qui méprisez un ennemi que la terreur tient enchaîné à vos pieds, craignez que l'excès même du malheur ne réveille un sentiment qui ne s'éteint jamais. Craignez qu'un héros, un grand homme paraissant tout-à-coup au milieu de ses compatriotes accablés, ne les relève en un instant, et n'écrase enfin l'astuce et la mollesse par son génie et sa valeur. Le voyez-vous, invincible comme la victoire, implacable comme vous, se baigner à son tour dans des flots de sang humain, inventer des tourmens, qui vous sont encore inconnus, vous disputer le prix affreux des forfaits, et être assez malheureux pour l'emporter sur vous ? prévenez ce réveil terrible : il en est tems encore. Régnez sur les Noirs, mais par les bienfaits. Mon père, mon ami, mon respectable ami, vous pouvez en un moment effacer vingt années d'erreur ; osez le vouloir et le faire : vous perdrez une partie de votre fortune ? hé ! qu'importe ! l'homme de bien est toujours riche ; le méchant ne l'est jamais, même avec des trésors. Il n'a pas la paix de l'ame, et c'est la véritable richesse.

BEAUVAL *père.*

J'aime au moins à ne pas me reconnaître dans les tableaux déchirans que vous m'avez mis sous les yeux. Je ne crois pas avoir à rougir devant mon fils.

BEAUVAL *fils, avec une timidité respectueuse.*

Ah! mon père, mon digne et faible père! qu'a fait ce malheureux qu'on va vendre, que d'employer ses momens de repos à cultiver l'esprit d'une fille qu'il aime tendrement? qu'a-t-elle fait elle-même que d'avoir répondu à ses soins? hélas! ces infortunés oublient quelquefois ensemble et leur état, et leurs maux. L'amour, par un prestige enchanteur, les soutient et les console. Par lui, le sourire du bonheur vient errer un moment sur leurs lèvres timides. Seuls dans la nature, ils ne voient qu'eux, et n'offensent personne : et on va les séparer, et vous y avez consenti! ..... Refuserez-vous du moins à mes prières de révoquer l'ordre que vous avez donné? ce que je vous ai dit, est-il perdu pour l'humanité et pour votre cœur?

BEAUVAL *père.*

Je verrai, mon fils, je réfléchirai, et quelque parti que je prenne, croyez que je ne consulterai que la prudence et vos vrais intérêts. J'exige d'abord que vous vous répandiez dans le monde. La solitude où vous vivez, ne vous convient pas : elle nourrit des idées noires, qu'il est bon de dissiper. Nous sommes aux portes du Cap; vous irez tous les jours, vous y fréquenterez des jeunes gens de votre âge, qui vous aimeront, qui vous rechercheront bientôt, si vous prenez la peine d'être aimable et de contenir un caractère trop bouillant. Livrez-vous à la société, goûtez des plaisirs qui ne coûteront rien à votre délicatesse, et qui, je crois, vous sont absolument nécessaires.

BEAUVAL *fils.*

Hé! que verrai-je au Cap, qui ne blesse mes yeux, qui ne révolte mes sens, qui ne confirme des sentimens malheureusement trop fondés?

BEAUVAL *père.*

Vous m'avez entendu, mon fils, je vous ai dit que je le veux. Je reconnaîtrai votre soumission, en vous donnant les moyens de paraître convenablement. Voilà soixante portugaises, ne les ménagez pas: je fournirai à vos besoins.

BEAUVAL *fils, plein de joie, et prenant la bourse.*

J'irai au Cap, mon père, j'irai aujourd'hui, même....... Soixante portugaises! quelle fortune! quel usage j'en saurai faire!

BEAUVAL *père.*

Je ne vous en demanderai pas de compte: je vous connais, cela me suffit. Mon ami, la jeunesse supporte difficilement la contradiction et les conseils. (*Lui prenant la main*) Mais, si jamais tu espère, si tu as à guider la fougueuse inexpérience d'un fils, tu te rappeleras, tu apprécieras un ami solide, qui t'a consacré sa vie, et qui n'existe que de l'espoir d'assurer ta félicité. (*Il rentre chez lui.*)

SCÈNE VIII.

BEAUVAL *fils, seul.*

O Télémaque! ô Zamé! êtres intéressans qu'on se dispose à accabler, et qu'on veut que j'oublie dans des plaisirs insignifians et frivoles; vous, dont l'affection est ma suprême jouissance, quelle délicieuse surprise mon cœur vous prépare aujourd'hui! Je cours, je vole au Cap pour y trouver un agent discret, qui viennent payer votre liberté. Je vous mettrai dans les bras l'un de l'autre, et je vous dirai: soyez heureux, et connaissez votre ami.

ACTE II.

SCÈNE PREMIÈRE.

BEAUVAL *fils, seul, avec une gaieté franche.*

Tout réussira au gré de mes desirs. Un homme adroit et sûr marche sur mes pas ; ses instructions sont précises ; il ignore mon nom, le vrai motif de sa démarche, et mon secret me restera. Je le cacherai même à Télémaque et à Zamé, jusqu'à ce qu'ils s'éloignent de cette habitation. Leur joie, leur reconnaissance me trahiraient sans doute, et mon père blâmerait l'emploi que je fais de ses fonds : qu'il l'ignore à jamais. Encouragé par mon premier succès, je ferai de fréquentes promenades au Cap ; bientôt j'aurai dissipé mon argent ; on m'en offrira, j'accepterai ; je serai utile à d'autres infortunés encore ; et quand cette ressource sera tout-à-fait épuisée, je me renfermerai de nouveau entre Raynal et Jean-Jacques, ces amis de la vertu, et ces bienfaiteurs du monde.

SCÈNE II.

MATHIEU, *sortant de la grande case,* BEAUVAL *fils.*

MATHIEU.

Déjà de retour, monsieur Beauval !

BEAUVAL *fils, conservant sa gaieté.*

Je suis expéditif, monsieur Mathieu.

MATHIEU.

Vos parties de plaisir sont courtes.

BEAUVAL *fils.*

Elles n'en sont pas moins piquantes.

MATHIEU.

Vraiment, vous vous êtes amusé ?

BEAUVAL *fils.*

Amusé, dites-vous ? vous ne concevez pas le plaisir que j'éprouve. Il est inexprimable, pénétrant, enchanteur.

MATHIEU.

J'ai connu cela. C'est l'effet naturel d'une première jouissance.

BEAUVAL *fils.*

Je ne m'en tiendrai pas à celle-là, je me le promets bien.

MATHIEU.

Et vous aurez raison, monsieur Beauval. Le plaisir vous rend enjoué, affable.....

BEAUVAL *fils.*

Même avec vous, monsieur Mathieu.

MATHIEU.

Oui ; vous me gâtez aujourd'hui. (*Cherchant à le pénétrer.*) La charmante ville que le Cap !

BEAUVAL *fils.*

On y trouve tout à la minutte.

MATHIEU.

Mais, qui y avez-vous donc trouvé qui vous ait fait jouir d'une façon si vive ; si enchanteresse ?

BEAUVAL *fils.*

Oh ! malgré ma bonne humeur, je ne me sens pas disposé à vous faire de confidences. Je suis discret sur mes plaisirs.

MATHIEU.

C'est vous priver d'une double jouissance.

BEAUVAL *fils.*

C'est plutôt vous en ôter une.

MATHIEU.

J'en conviens, je suis naturellement curieux.

BEAUVAL *fils.*

Et avec votre expérience vous ne devinez pas ?

MATHIEU.

Non ; mais quoique vous en disiez, un jeune homme a toujours besoin d'un confident, et vous allez me mettre sur la voie.

BEAUVAL *fils.*

J'irai plus loin. Je vous conterai cela..... dans quelques mois. Vous ne vous attendez pas à ce que je vous dirai. Je suis original ; je ne fais rien comme le commun des hommes. Vous trouverez mon petit voyage piquant, mais très-piquant, je vous en réponds. Je vous conterai cela, je vous conterai cela.

(*Il sort par le côté des cases des nègres.*)

SCÈNE III.

MATHIEU, *seul.*

Il se moque de moi un peu plus gaîment que de coutume : voilà tout le changement que j'apperçois en lui. Jamais ce jeune homme-là ne reviendra sur mon compte. Ma foi, je l'abandonne, à son originalité. Qu'ai-je besoin de m'exposer à ses caprices, à ses mauvaises plaisanteries ? Je m'en vais à mes noirs. Ceux-là du moins ne me contredisent jamais, et je n'ai pas de ménagemens à garder avec eux.

SCÈNE IV.

MATHIEU, TÉLÉMAQUE, *sortant de la grande case et portant un petit panier.*

MATHIEU.

Voilà le protégé. Autre original plus insupportable encore. D'où viens-tu ?

TÉLÉMAQUE.

De la grande case.

MATHIEU.

Où vas-tu ?

TÉLÉMAQUE.

A mes affaires.

MATHIEU. (1)

Que portes-tu ?

TÉLÉMAQUE.

Ma ration de la journée.

MATHIEU.

Que tu vas partager avec ta Zamé ?

TÉLÉMAQUE.

C'est mon intention.

---

(1) Pendant cette scène et le monologue suivant, les nègres descendent les rochers, vont à leurs cases, en sortent leur nourriture, et mangent assis à leur porte.

MATHIEU.

Et bientôt tu déroberas ton maître pour fournir à ses besoins.

TÉLÉMAQUE.

Vous m'outragez, monsieur, et vous savez que je ne peux vous répondre.

MATHIEU.

Laissez là vos grands mots, raisonneur assommant....... Comment travailleras-tu, si tu ne manges pas, et il faut que tu travailles, peut-être. Tout cela finira, tout cela finira. On prendra des mesures promptes contre la paresse, la séduction, l'indiscipline. (*Télémaque va poser son panier au pied du tertre où il était assis au premier acte.*) Le drôle ne m'écoute seulement pas. Oh! je t'apprendrai à manquer de déférence pour un homme comme moi. Un noir, un misérable! cent coups de fouet, cent coups de fouet à la première occasion.

(*Il sort par le côté de la grande case.*)

SCÈNE V.

TÉLÉMAQUE, *seul.*

Les promesses de Beauval sont toujours présentes à mon esprit. L'image de Zamé libre et heureuse, suspend le sentiment de mes peines. Peut-être ma liberté me sera-t-elle aussi rendue. Beauval ne laissera pas son ouvrage imparfait..... que dis-je? avec d'aussi faibles moyens, il lui faudra des années; et que d'événemens peuvent l'arrêter dans ses projets? peut-être au moins ramenera-t-il son père à des sentimens humains........ Malheureux, ton cœur t'abuse. Ton imagination te présente des chimères qu'elle embellit du charme de la vérité.... Eloignons ces tristes idées; portons plutôt à Zamé des consolations que je rejette quelquefois, mais que son ame simple et naïve saisira

sira avec avidité. C'est la tromper peut-être, mais c'est doubler ses forces, ranimer son courage et soutenir sa patience.

SCÈNE VI.

TÉLÉMAQUE, ZAMÉ.

ZAMÉ, *accourant à Télémaque.*

Tu m'attendais, bon ami.

TÉLÉMAQUE.

J'accusais la lenteur du temps. Il s'arrête quand tu es là haut. *Il montre les rochers.*

ZAMÉ.

Il vole quand je suis ici.

TÉLÉMAQUE.

Oh! oui ; l'heure qui commence s'écoulera avec rapidité.

ZAMÉ, *le consolant.*

Bon ami, celles qui la suivront, s'écouleront encore.

TÉLÉMAQUE.

Dans les plus durs travaux.

ZAMÉ.

Ils me rameneront dans tes bras.

TÉLÉMAQUE.

L'intervalle est bien court.

ZAMÉ.

Oui, mais il est bien doux.

TÉLÉMAQUE.

O ma Zamé ! quand tu me quittes, je te suis des yeux ; tu

me souris, et je soupire; tu prends ta bêche, et chaque coup retentit là. (*Montrant son cœur.*)

ZAMÉ.

Je pense en la soulevant au bonheur que j'ai goûté près de toi, à celui dont je jouirai encore, et je ne suis pas tout-à-fait malheureuse. Viens, bon ami approche-toi; viens essuyer la poussière de mon front, me rafraîchir de ton haleine, me rendre des forces nouvelles en me pressant contre ton sein. (1) *Télémaque la serre dans ses bras.*) Que je suis bien ainsi! tu dois t'en souvenir: voilà comme nous étions sur les bords du Niger, sous ce palmier heureux où tu me donnas ton cœur, où tu reçus le mien.

TÉLÉMAQUE.

Les temps sont bien changés.

ZAMÉ.

Nous seuls, sommes toujours les mêmes.

TÉLÉMAQUE.

Nous seuls, ne changerons jamais.

ZAMÉ.

Oh! jamais, jamais. Bords du Niger, témoins de nos premiers amours, notre bonheur s'est écoulé avec tes ondes. Sans prêtres, sans autels et sans maîtres, sans lois que celles de la nature, sans guide que notre innocence, tu me dis: Zamé, aime-moi, et je t'aimai. Déjà nous éprouvions cette délicieuse ivresse, qu'on ne doit sentir qu'une fois, mais qui est éternelle pour les cœurs purs et constans..... Tout-à-coup des méchans nous environnent, nous saisissent, nous traînent sur un vais-

(1) Ils vont s'asseoir sur le tertre.

seau, et nous livrent aux blancs. Éperdue et tremblante, j'invoquais la mort ; mes yeux rencontrèrent les tiens, et je sentis que j'aimais encore la vie. Ma voix calma ton désespoir : je te priai de vivre, et tu me le promis. Nous confondîmes nos larmes, et on leur permit de couler. Qu'elles étaient amères et douces, ces larmes, les premières que nous ayons versé !

TÉLÉMAQUE.

Effaçons le passé de notre mémoire ; ces souvenirs séduisans et cruels rendent le présent insupportable.

ZAMÉ.

Puis-je oublier les courts instans où j'ai joui de moi-même? puis-je ne pas me complaire à en rappeler les délices ?

TÉLÉMAQUE.

Ne m'en parle jamais : je t'en ai déjà prié. Maintenant ces idées me poursuivent et m'affligent.

ZAMÉ, *d'un ton caressant.*

Bon ami, je n'ai pas voulu t'affliger. Embrasse-moi, et pardonne.

TÉLÉMAQUE.

Il l'embrasse, et s'arrachant de ses bras : Nous nous attendrissons : craignons notre faiblesse.

ZAMÉ.

Est-elle tant à craindre ?

TÉLÉMAQUE.

Tu n'en as pas prévu les suites.

ZAMÉ.

Je ne sais rien prévoir, moi, je ne sais qu'aimer.

TÉLÉMAQUE.

Hé! que fais-je donc, moi, qui ne respire, qui ne pense

qu'à toi, qui te cherche le jour, qui t'appelle la nuit, qui ne saurais toucher ta main, ton vêtement sans palpiter de plaisir; mais qui suis homme, courageux et résigné. Ivre d'amour, inébranlable dans mes résolutions; brûlant de desirs, constant à les surmonter; frémissant de la seule pensée de te rendre mère, et m'arrachant de tes bras pour prévenir ma défaite: voilà les combats qu'il me faut livrer sans cesse, à la nature et à Zamé. Tremble de devenir la plus forte, tu empoisonnerais mes jours et les tiens.

ZAME.

Bon ami, tu m'affliges à ton tour.

TÉLÉMAQUE.

Je vais te consoler. Beauval, ce jeune homme si aimant, si humain, qui a formé mon esprit, qui a mûri ma raison, ne met plus de bornes à ses bienfaits; il ne s'occupe que de nous. Il veut que tu sois libre, et dans un an, l'argent que lui donne son père, te rendra à toi-même.

ZAME.

Et toi, bon ami?

TÉLÉMAQUE.

Je souffrirai bien moins quand tu seras heureuse.

ZAME.

Puis-je l'être que de ton bonheur?

TÉLÉMAQUE.

Tu pourras au moins le préparer. Ta liberté te donneras le choix des moyens.

ZAME.

Je n'en connais que deux, l'économie et le travail. Avec quelle ardeur je travaillerai pour toi! avec quel plaisir je serrerai mes épargnes; avec quel intérêt je verrai croître mon petit trésor ! mais avec quel délire j'accourerai te dire enfin : Tu es libre à ton tour. Je n'ai donné qu'un peu d'or à ton maître, et j'en reçois bon ami.

TÉLÉMAQUE.

Alors me précipitant dans tes bras, je te répondrai : Je te dois tout, et j'aime à te tout devoir. L'heure est venue où ton amant peut être ton époux. Allons prononcer le serment de nous aimer toute la vie ; et quand nous nous verrons renaître, quand un gage d'un hymen si desiré viendra nous le rendre plus cher, je le recevrai dans mes bras, et l'élevant vers le ciel, je m'écrierai : O mon Dieu, c'est un être libre que je te présente ; laisse-le vivre pour honorer la liberté en en faisant un digne usage. — Des pleurs, ma Zamé, des pleurs !

ZAME.

Ah ! laisse-les couler ; celles-ci sont les larmes du plaisir.

TÉLÉMAQUE, *lui pésentant son panier.*

Mais le temps s'écoule, et tu n'as rien pris encor. Tiens, ceci te vaudra mieux que ce que tuas préparé.

ZAME.

Tu veux te priver de ta nourriture.

TÉLÉMAQUE.

Heureux celui qui donne.

ZAME.

Oui, ce qu'on peut recevoir.

TÉLÉMAQUE.

Tu le dois, puisque je t'en prie.

ZAME, *d'un ton caressant.*

Tu n'insisteras pas, puisque je le défends.

TÉLÉMAQUE.

Vois donc de quelle jouissance tu me prives.

ZAME.

Pense donc quels regrets je m'épargne.

TÉLÉMAQUE.

Prends, prends aujourd'hui, et demain nous verrons.

ZAME.

Demain tu exigeras encore ce que je ne t'accorderai pas.

TÉLÉMAQUE.

Il est si doux de céder à ce qu'on aime !

ZAME, *avec un tendre sourire.*

Quelquefois, bon ami.

TÉLÉMAQUE.

Hé bien, je garderai le nécessaire, je t'apporterai le superflu.

ZAME.

Tu me tromperas.

TÉLÉMAQUE.

Je n'en ai pas besoin. Chez le blanc, tout abonde; ce n'est qu'ici qu'on connaît la misère.

ZAME, *d'un ton caressant.*

Allons, viens, viens à la porte de ma case. (*Ils vont s'asseoir à l'entrée de sa case, la première du côté de l'avant-scène.*) Tu mangeras avec moi ?

TÉLÉMAQUE.

Je te regarderai.

ZAME.

Ce n'est pas la même chose.

TÉLÉMAQUE.

Oh, non, c'est bien meilleur.

SCÈNE VII.

LES PRÉCÉDENS, MATHIEU, BARTHELEMI.

ZAMÉ.

Prends, bon ami, mange. Je me suis rendue, rends-toi à ton tour. (*Télémaque mange avec elle.*) Tu préfères ce que j'ai touché, et j'aime à retrouver sur ce vase l'endroit où tu as porté tes lèvres. (*elle boit*) Tiens, nous sommes encore sur les bords du Niger. Il nous manque un troisième.

TÉLÉMAQUE.

Que l'amour le remplace.

ZAMÉ.

Celui-là ne nous quitte jamais.

TÉLÉMAQUE.

Ne parlons plus de cela; nous en sommes convenus.

ZAMÉ.

J'y penserai du moins. Tu le veux bien, bon ami?

TÉLÉMAQUE.

Cruelle fille que tu es! (*Ils mangent.*)

BARTHELEMI. (*Descendant la scène, et regardant autour de lui*)

Tout ce que je vois est étonnant, en vérité. (*A part.*) Télémaque et Zamé, ne nous brouillons pas avec les noms. (*à Mathieu.*) Une répartition de bras, un ordre de travail, un air d'opulence. . . . C'est magnifique, en vérité!

MATHIEU.

Tout cela se fait à force d'activité, de soins.....

BARTHELEMI.

Et d'intelligence, monsieur Mathieu. Vous êtes trop modeste.

MATHIEU.

Ma foi, je conviens qu'il en faut, sur-tout à présent.

BARTHELEMI.

A présent rien ne va : le commerce est en stagnation. Pour éloigner d'affligeantes réflexions, je vais, je viens, je me promène. Quand je me fâcherais.....

MATHIEU.

Il n'en serait ni plus, ni moins.

BARTHELEMI.

C'est ce que je me dis.

MATHIEU, *à part.*

Si je pouvais l'empêtrer de mes deux Noirs.

BARTHELEMI, *à part.*

On ne m'a remis que soixante portugaises, et j'ai affaire à un drôle aussi fin que moi.

MATHIEU, *à part.*

Comment l'amener à mon but ?

BARTHELEMI, *à part.*

Il faut prendre cela de loin.

MATHIEU.

Plaît-il ?

BARTHELEMI.

Vous dites que......

MATHIEU.

Je disais qu'un homme à talent tire toujours parti des plus dures circonstances ; et je parierais qu'en vous promenant vous faites, par-ci, par-là, quelques bonnes affaires.

BARTHELEMI.

Des misères, M. Mathieu, des misères. Autrefois il me passait par les mains deux à trois cents Nègres par an : aujourd'hui on tremble d'acheter.

MATHIEU.

Il y aurait cependant un grand coup à faire, et si j'étais en fonds.....

BARTHELEMI.

Comment cela, monsieur Mathieu?

MATHIEU.

On assure que la traite est positivement abolie.

BARTHELEMI.

Diable!

MATHIEU.

Et l'importation des Noirs une fois arrêtée, cette marchandise là montera à un prix fou.

BARTHELEMI.

Croyez-vous cela, monsieur Mathieu?

MATHIEU.

Comment, si je le crois! vous ne sentez pas la beauté, la solidité de la spéculation? Cent pour cent de bénéfice.

BARTHELEMI.

Oui, cet apperçu a quelque chose d'attrayant; mais il court un bruit qui dérange un peu votre spéculation.

MATHIEU.

Comment cela, papa Barthelemi ?

BARTHELEMI.

On assure que les gens de couleur obtiennent là-bas l'abolition de l'esclavage.

MATHIEU.

En vérité !

BARTHELEMI.

Et ce projet une fois répandu, cette marchandise là sera sans valeur.

MATHIEU.

Croyez-vous cela, papa Barthelemi ?

BARTHELEMI.

Comment, si je le crois! vous ne sentez pas la certitude, l'infaillibilité d'une baisse prodigieuse ? Cent pour cent de perte, monsieur Mathieu.

MATHIEU.

Tenez, papa Barthelemi, ne perdons pas le temps à finasser. De la franchise, de la bonne foi.

BARTHELEMI.

Je crois que c'est le plus court, monsieur Mathieu : nous ne nous duperons pas.

MATHIEU.

Non, nous nous connaissons.

BARTHELEMI.

Il y a long temps que j'ai cet honneur là, monsieur Mathieu. D'ailleurs, la bonne foi est l'ame du commerce.

MATHIEU.

Voilà pourquoi vous en avez tant, papa Barthelemi.

BARTHELEMI.

Vous me flattez, monsieur Mathieu.

MATHIEU.

Non, vous êtes l'homme le plus loyal de la Colonie.

BARTHELEMI.

Après vous, monsieur Mathieu.

MATHIEU.

Vous n'êtes pas venu ici sans quelque dessein, convenez-en.

BARTHELEMI.

Je ne dis pas non, monsieur Mathieu : mais je sais ce que je dois payer un Nègre, parce que je connais les chances que j'ai à courir, et on ne m'étourdit ni avec des nouvelles à la main, ni avec des complimens, monsieur Mathieu.

MATHIEU, *à part.*

Il joue serré.

BARTHELEMI, *à part.*

Tu y viendras. Nous verrons ton Télémaque et ta Zamé.

MATHIEU.

Au fait. Voulez-vous acheter?

BARTHELEMI.

Oui, et non.

MATHIEU.

J'entends. Si vous trouvez un bon marché. . . . . .

BARTHELEMI.

Cela pourra me déterminer, monsieur Mathieu. Avez-vous quelque chose à vendre ?

MATHIEU.

Oui, et non.

BARTHELEMI.

Ah ! fort bien. Si vous trouvez un prix avantageux......

MATHIEU.

Je ferai comme vous. Je pourrai me déterminer.

BARTHELEMI.

Ce n'est pas le moyen de nous entendre.

MATHIEU.

Peut-être. Nous pourrions tous les deux faire une bonne affaire. Tenez, papa Barthelemi, je vous ai toujours aimé, et avant d'annoncer ma marchandise au Cap, je vous en offre la préférence.

BARTHELEMI.

C'est superbe de votre part.

MATHIEU.

Une Négresse de vingt ans, grande, forte, faite comme les graces, et séduisante comme elles.....

BARTHELEMI.

Et vous vous en défaites ?

MATHIEU, *en confidence.*

Le fils du propriétaire en est amoureux, et le père veut rompre cette intelligence.

BARTHELEMI.

C'est une raison assez spécieuse en apparence. Mais il y a une petite difficulté.

MATHIEU.

Quelle est-elle ? Je la leverai, papa Barthelemi.

BARTHELEMI.

Je ne crois pas, monsieur Mathieu. C'est que ce n'est pas

une femme que je veux. Je m'en défais difficilement quand elles sont jeunes et jolies. Nos dames trouvent qu'elles conviennent trop à leurs maris

MATHIEU, *à part.*

Diable ! (*Haut.*) J'ai encore un jeune homme.... c'est un trésor, par exemple que celui-là.

BARTHELEMI.

Je le crois, monsieur Mathieu ; hé bien, ce trésor !

MATHIEU.

Un jeune homme de la plus belle espérance, qui a l'esprit très-cultivé, qui possède sa langue, qui connaît l'histoire, les sciences abstraites, honnête, doux, laborieux.....

BARTHELEMI.

Et vous vous en défaites ?

MATHIEU.

Oui, parce que ce serait un meurtre d'employer un tel homme à la culture de la terre. Mais ce sera un sujet couru par certains colons qui, dédaignant l'usage, ne rougiraient pas de lui confier l'éducation de leurs enfans.

BARTHELEMI.

Et vous faites ce savant....

MATHIEU.

Soixante-dix portugaises, et c'est donner.

BARTHELEMI, *avec humeur.*

Voilà comme vous êtes, monsieur Mathieu, on ne peut pas traiter avec vous.

MATHIEU.

Ma foi, monsieur Barthelemi, vous voulez avoir tout pour rien.

BARTHELEMI.

Un nègre, soixante-dix portugaises !

MATHIEU.

Il y a nègre et nègre.

BARTHELEMI.

J'aurais pour ce prix le meilleur cuisinier de la Colonie, et un bon cuisinier est bien autrement couru qu'un précepteur. Votre savant ! votre savant !

MATHIEU.

Il faut voir la marchandise, monsieur Barthelemi, avant de se récrier sur le prix. Télémaque, ici. (*Télémaque s'approche.*) Examinez cette structure. Epaules larges, poitrine ouverte, jarret tendu, gras de jambe fourni, la force d'Hercule et la beauté d'Adonis, à la couleur près.

BARTHELEMI.

Tout cela est bel et bon ; mais, soixante-dix portugaises, monsieur Mathieu !

TÉLÉMAQUE.

Ciel ! qu'entens-je !

MATHIEU.

Par considération pour vous, je pourrai rabattre quelque chose.

BARTHELEMI.

J'en donne soixante, et vous lâcherez la négresse par-dessus le marché.

MATHIEU.

Non pas, non.

TÉLÉMAQUE, *indigné.*

Quel opprobre ! ne se lasseront-ils jamais de traiter des hommes comme le plus vil bétail ?

MATHIEU, *bas à Télémaque.*

Vas-tu me joue ici un tour de ton métier ?

BARTHELEMI.

Ne t'a-ton pas acheté ? donc on peut te revendre.

TÉLÉMAQUE, *à Mathieu.*

Qui vous en a donné l'ordre ?

MATHIEU, *bas à Télémaque.*

Tais-toi, où je te ferai donner une leçon.....

TÉLÉMAQUE, *furieux.*

Toujours la menace à la bouche et la cruauté dans le cœur.

BARTHELEMI.

Oui, je vois bien que c'est un savant ; mais sa douceur me paroît équivoque, monsieur Mathieu. De quels yeux il me regarde !

MATHIEU, *bas à Télémaque.*

Tremble, si tu me fais manquer mon marché.

TÉLÉMAQUE.

Tremblez vous-même, si vous osez le consommer. Je laisse ici un vengeur.

MATHIEU.

Tu me menaces, je crois. Un nègre menacer un blanc ! voici du nouveau, par exemple.

BARTHELEMI, *à part.*

Mon jeune homme le connaît mal, sans doute.

ZAMÉ.

Bon ami, tais-toi, c'est Zamé qui t'en prie.

BARTHELEMI, *à part.*

Ah ! c'est elle.

ZAMÉ.

Monsieur Mathieu, pardonnez-lui, pardonnez-lui.

MATHIEU.

Je ne pardonne jamais.

TÉLÉMAQUE, *à Zamé.*

Avait-il besoin de te le dire ? ne le connais-tu pas ?

ZAMÉ.

Monsieur Barthelemi, que ce soit au moins pour le même maître ; ne nous séparez pas. Le bonheur d'être ensemble est le seul bien qu'on ne nous ait pas ravi. Serez-vous plus cruel que les autres ? voulez-vous que je meure de chagrin ?

MATHIEU, *à Zamé.*

Allons, vas-tu faire aussi des phrases, toi ? (*à Barthelemi.*) Finissons. Vos soixante portugaises, et emmenez-les.

BARTHELEMI

Non pas, non. Il faudrait être fou pour se charger d'un pareil sujet : c'est un diable que ce nègre-là Il y a de quoi mettre une habitation en feu. D'ailleurs je ne suis que préposé, et je veux consulter mon commettant.

MATHIEU.

Son nom ?

BARTHELEMI.

Je l'ignore. Je ne crois pas même l'avoir jamais vu. Mais il doit revenir, et je ne compromettrai pas mon crédit, ma réputation ; enfin je ne tromperai pas ce jeune homme.

TÉLÉMAQUE, *s'écriant.*

Un jeune homme !

BARTHELEMI.

Il a payé noblement ma commission, je lui dirai ce que je

pense

pense. Je pourrai lui conseiller de prendre la noire ; elle est jolie, et je le crois amateur, il m'en parlait avec un feu, un enthousiasme..... Mais cet enragé !

TÉLÉMAQUE, *hors de lui.*

On achète Zamé, et c'est pour un jeune homme ! ... Zamé au pouvoir d'un jeune homme ! mon sang bouillonne.

MATHIEU.

Monsieur Télémaque est jaloux.

TELEMAQUE.

Oui, toutes les passions sont en moi des fureurs. Elles me seront funestes sans doute.

MATHIEU, *à part.*

Je l'espère.

TELEMAQUE.

Mais ma chûte sera terrible, et j'entraînerai mes ennemis avec moi.

BARTHELEMI.

Au revoir, monsieur Mathieu. Vous avaz bien fait de me montrer votre marchandise. (*Sortant.*) Soixante portugaises d'un Télémaque ! on les donnerait pour s'en débarrasser.

SCÈNE VIII.

MATHIEU, TÉLÉMAQUE, ZAMÉ.

MATHIEU.

Et ces êtres-là ont la manie de se croire quelque chose ! Il semble, à les entendre, que tout soit profit avec eux ; on les jette à la tête des gens, c'est comme si on ne parlait pas. Vous triomphez maintenant que vous me restez sur les bras !

mais je vous apprendrai ce qu'on gagne à faire de l'esprit. (*A Télémaque.*) Tu te prévaux de la faiblesse du fils : je te ferai voir ce que je puis sur le père.

TELEMAQUE.

Vendre Zamé, et c'est pour un jeune homme! (*Il reste accablé.*)

MATHIEU, *à Zamé.*

Pour toi, qui te trouve mal de la seule idée de quitter ce mauvais sujet-là, je te rendrai la vie si dure, mais si dure, que tu ne trouveras pas une seconde par mois à donner à tes amours. (*Sortant.*) Cela s'avise d'être amoureux, de pousser les beaux sentimens; c'est incroyable, en vérité. Des amours nègres, voilà quelque chose de bien intéressant. (*Il monte les rochers.*)

SCÈNE IX.

TÉLEMAQUE, ZAMÉ.

(*Pendant cette scène, les noirs retournent au travail.*)

TELEMAQUE, *hors de lui.*

O mort! mort! que j'ai tant de fois invoquée, ne viendras-tu jamais!

ZAME, *suppliante.*

Bon ami! bon ami!

TELEMAQUE.

Qu'on me laisse, qu'on me laisse..... je ne me connais plus. La haine de ce monstre, la soif de son sang, les transports de l'amour malheureux, les fureurs d'une jalousie effrénée, tout se réunit pour aliéner ma raison.

ZAME.

Bon ami, c'est Zamé qui te parle.

TELEMAQUE.

Zamé! Zamé! .... c'est toi qui m'as perdu. Sans ce cruel amour je vivrais sans bonheur, mais sans craintes.... Maudit soit à jamais le premier jour où je t'ai vue : il a empoisonné ma vie.... Tu pleures ! pardon, pardon..... Je suis un malheureux. Je t'assassine à mon tour. Pardon, pardon.

ZAME.

Bon ami, je ne pleure pas de tes reproches, je pleure sur l'état où je te vois.

TELEMAQUE.

Ce Barthelemi qui compte pour rien un fleuve de larmes, et qui est à genoux devant une once d'or, ce Barthelemi t'arracherait de mes bras pour te livrer à un blanc !..... bientôt, sans doute, un nouvel émissaire de ce jeune homme.... quel est-il? où t'a-t-il vue? comment ose-t-il prétendre..... Ah ! Beauval, Beauval, tu m'avais flatté..... et tu nous abandonnes, et tu ne viens pas prendre ta part du fardeau qui m'accable.

ZAME.

Tu n'as donc plus pitié de moi? tu veux donc que je meure de ta peine?

TELEMAQUE.

Meurs, meurs si tu en as le courage; ton amant est prêt à te suivre. Mais te laisser au pouvoir d'un blanc, dont les lâches desirs..... Emporter au tombeau cette idée insupportable! non, ce serait un supplice plus affreux encore que ma déplorable existence.

ZAME.

Bon ami, ne m'insulte pas. Hé ! que me fait cet homme? il n'en est qu'un pour moi dans toute la nature.

TELEMAQUE.

Aveugle que tu es, ouvre les yeux; tu peux disposer de ton cœur: le reste n'est plus à toi.... Combats, privations, sacrifices qui m'avez tant coûté, seriez-vous perdus pour l'amour!... et ce serait un blanc.... il souillerait des trésors..... non, non; quoiqu'il en arrive, je ne résiste plus. (*Il l'entraîne vers sa case.*) Viens, viens, suis-moi. (*S'éloignant d'elle avec effroi*) Arrête, malheureux! hé! n'est-il pas assez d'esclaves!

ZAME, *tremblante.*

C'est fait de moi. Tous les noirs sont retournés au travail. C'est fait de moi.

TELEMAQUE, *dans le plus grand désordre.*

Ciel! et le dernier qui se rend au travail est toujours puni cruellement... et l'atroce Mathieu qui n'attend qu'un prétexte... Eloigne-toi, dérobe-toi à ses recherches. (*La poussant dehors.*) Je cours chercher Beauval. Il t'épargnera le châtiment cruel qui t'est sans doute réservé.

L'économe qui observait Zamé du haut des rochers, descend avec le commandeur, et sort du même côté que Zamé.

SCÈNE X.

TELEMAQUE *seul.*

Pour la première fois la crainte entre dans mon ame; mon sang se glace dans mes veines... il n'y a pas un moment à perdre si je veux arrêter... mais où le trouver, et si je ne le rencontre pas.... (*Parcourant le théâtre en désordre.*) Beauval! Beauval!

SCÈNE XI.

BEAUVAL *père*, TELEMAQUE.

BEAUVAL *père*.

Je te cherchais ; arrête, et reconnais ton maître.

TELEMAQUE, *d'une voix étouffée*.

Mon maître ! mon maître !

BEAUVAL *père*, *d'un ton menaçant*.

Faut-il te prouver que je le suis ?

TELEMAQUE, *sortant*.

Il faut sauver Zamé.

SCÈNE XII.

BEAUVAL père, *seul*.

Mathieu voit juste. Il n'y a plus ici ni ordre, ni subordination, et la malheureuse facilité de mon fils perdra tout. Imprudent jeune homme, tu veux épargner le sang, et tu ne vois pas que tu me forceras à en répandre. Je voulais leur parler à lui et à ce malheureux qui ne connaît plus de frein. L'un me brave sans ménagement : l'autre va venir. Si je ne peux le persuader, puissai-je au moins le contenir. Oublions un moment ma faiblesse, et déployons la rigueur d'un père justement irrité.

SCÈNE XIII.

BEAUVAL *fils*, BEAUVAL *père*.

BEAUVAL *père*.

Approchez. Je vous ai montré tantôt l'indulgence d'un ami,

et vous en abusez. Je vous ai accordé ma confiance, et vous l'avez trahie. Vous n'êtes sensible qu'à l'orgueil de soutenir et de propager des opinions nouvelles et dangereuses. Vous animez les noirs contre moi, vous les poussez à la révolte. Déjà ils m'osent méconnaître, bientôt ils oseront davantage, et sans l'avoir prévu, vous êtes leur complice. Vous tournez contre moi jusqu'à mes bienfaits. (*Beauval fils fait un geste.*) Prétendez-vous m'en imposer? Barthelemi vous a entrevu en sortant; il vous a reconnu, et m'a rendu mes fonds.

BEAUVAL *fils.*

Je les plaçais au plus haut intérêt.

BEAUVAL *père.*

Je vous défends de m'interrompre.

BEAUVAL *fils.*

Ne puis-je me justifier?

BEAUVAL *père.*

Non, vous ne le pouvez pas, et tant d'obstination commence lasser.

BEAUVAL *fils.*

L'homme raisonnable écoute; le despote impose silence.

BEAUVAL *père.*

Oubliez-vous que vous parlez à votre père? l'amour de l'humanité vous apprend-il à méconnaître les droits de la nature?

BEAUVAL *fils.*

On veut quelquefois les étendre au-delà de leurs limites.

BEAUVAL *père.*

Oserez-vous les fixer? — Mais je vois que vous êtes incapable de rien entendre. Vous dédaignez ma tendresse, vous méprisez mon autorité. Tremblez de m'offenser davantage et d'attirer sur vous toute ma colère. Tremblez que je ne vous abandonne au délire de votre imagination, et qu'on ne vous reproche un jour de m'avoir sacrifié à mes esclaves. Abjurez des principes destructeurs de toute société : je le veux, je vous l'ordonne, et si vous résistez, je ne vous connais plus. (*Il rentre chez lui.*)

SCÈNE XIV.

BEAUVAL fils, *seul.*

Funeste amour de l'or, me ravirais-tu jusqu'à la tendresse de mon père ? j'en gémirais, sans doute ; mais je ne peux ni me répentir, ni changer.

SCÈNE XV.

TELEMAQUE, BEAUVAL *fils.*

TELEMAQUE, *accourant.*

Cours, vole, si tu veux prévenir un nouveau crime. Zamé, toute à sa peine, n'a pas entendu appeler au travail, et ton économe nous déteste. Cours, te dis-je, et reviens me rassurer.

(*Beauval fils monte les rochers en courant. Télémaque tombe accablé sur le tertre.*

SCÈNE XVI.

TELEMAQUE *seul.*

Un voile funèbre obscurcit mon imagination. Mon ame, oppressée, affaiblie, ne peut soutenir ces assauts multipliés. L'amour fait de moi un enfant pusillanime. Je soupire, je pleure, et c'est sur Zamé..... Pour la sauver, je tomberais, je crois, aux pieds de ses tyrans.

SCÈNE XVII.

TELEMAQUE, ZAME *soutenue par* SCIPION.

ZAME.

Les cruels ! comme ils m'ont traité ! mes genoux ploient.... soutiens-moi, Scipion.

SCIPION.

Na pas chagriné toi, bonne petite Zamé. (*Il la conduit vers sa case.*)

TELEMAQUE, *courant à Zamé.*

Il est donc consommé ce lâche assassinat ! Zamé ! Zamé ! et tu l'as pu permettre, et tu ne tonnes pas, toi, qui, dit-on, veilles sur ton ouvrage ! ah ! tu n'existes pas, puisque le coupable prospère. (*Tombant à genoux.*) Pardonne-moi, mon Dieu; j'ai osé te blasphêmer.... tu as permis ce dernier crime pour les punir tous à-la-fois. Ta main lente, mais toujours sûre, va s'appésantir sur nos assassins. Mathieu !.... Mathieu ! .... le lâche .... le barbare ! ....(*Se relevant.*) O mon Dieu, je te reconnais à la sainte fureur qui s'empare de moi. Non, je ne veux plus verser de larmes inutiles; non, je ne veux plus mourir. (*A Zamé.*) Je vivrai pour laver tes blessures dans le sang de tes bourreaux, et ce sont les traces du tien qui nous conduiront à la vengeance. (*A Scipion.*) Ote-moi cet objet, je crains de m'attendrir. (*Scipion emmene Zamé dans sa case.*

SCÈNE XVIII.

TELEMAQUE, *seul.*

Ce n'est plus ma maitresse, ce n'est plus moi que je prétend, venger. Je conçois un dessein plus grand, plus généreux. Le succès est difficile, sans doute; mais les obstacles m'irritent au lieu de m'abattre, et qui brave la mort est sûr de la donner.

SCÈNE XIX.

SCIPION, TELEMAQUE.

TELEMAQUE.

Scipion, puis-je compter sur toi?

SCIPION, *la main sur la poitrine.*

Oh! jusqu'à mouri.

TELEMAQUE.

Sais-tu garder un secret même dans les tourmens?

SCIPION.

Mo connai souffri, Zami.

TELEMAQUE.

De quel œil vois-tu les blancs?

SCIPION.

Mo haï trop gnion damné race comme chila.

TELEMAQUE.

Et l'esclavage?

SCIPION.

Mo pas capab suppolté li enco.

TELEMAQUE.

Tu as aussi d'anciens outrages à punir.

SCIPION.

Moi tendé après gnion bon moment pou ça.

TELEMAQUE.

Il suffit. Je t'associe à ma gloire. Reportons sur les blancs tous les maux qu'ils ont accumulé sur nous. Mais, dis-moi, les noirs sentent-ils enfin l'abjection de leur état? sont-ils capables d'oser briser leurs fers?

SCIPION.

Yo va fai tout ça qui plai à Télémaque.

TELEMAQUE.

C'est assez. Retourne vers eux. Quand nos tyrans se livreront aux douceurs du repos, rassemble en ce lieu leurs victimes. Si nous sommes découverts, ils seront sortis pour jouir un moment de la fraicheur de la nuit: la proximité même de la grande case écartera le soupçon. Rassemble-les, te dis-je, et prépare-les à m'entendre. Je paraîtrai au milieu de vous, et la persuasion à la bouche, et le fer à la main, je vous conduirai à la vengeance et à la liberté.

FIN DU SECOND ACTE.

ACTE III.

(*Il fait nuit.*)

SCÈNE PREMIÈRE.

TÉLÉMAQUE *seul, sortant furtivement de la grande case.* (*Cette scène & la suivante à demi voix.*)

O nuit! pour la première fois peut-être l'innocence t'implore et s'enveloppe de tes ombres. Dérobe-nous à tous les yeux. Sommeil, verse tes pavots sur des têtes coupables; verse-les à pleines mains. Que le crime repose pour la dernière fois. Et toi, providence éternelle, qui voulus nous éprouver, toi qui réveilles dans nos ames le sentiment de nos droits, trop long-temps oubliés, et qui vas mettre enfin un terme à nos malheurs, éclaire nos esprits, guide nos pas, et dépose en nos mains le glaive de ton immuable justice.

SCÈNE II.

TÉLÉMAQUE, SCIPION, *sortant de derrière cases.*

TELEMAQUE.

Qui s'approche?

SCIPION.

Hé! Zami à toi, Scipion.

TELEMAQUE.

Les as-tu vu, leur as-tu parlé, les as-tu convaincus?

SCIPION.

Yo tous ben préparés.

TELEMAQUE.

Ils sont libres, s'ils m'écoutent.

SCIPION.

Guettez, guettez. Yo tous véni.

SCÈNE III.

SCIPION, TÉLÉMAQUE, ZAMÉ, NEGRES, NÉGRESSES, *se rangeant autour de Télémaque.*

TELEMAQUE.

Je suis opprimé; vous l'êtes comme moi. L'esclavage m'est insupportable; vous devez en être las. Je brûle de me venger; qui de vous n'en a pas le desir? si ce desir est légitime, qui doit, qui peut nous arrêter? écoutez-moi.

Je ne crains pas de rencontrer ici de ces hommes pusillanimes qui, s'étonnant d'une grande entreprise, reculent à l'aspect du danger. Je ne prétends pas exciter votre courage, allumer votre ressentiment, en retraçant des attentats toujours présens à votre mémoire. Je ne vous parlerai pas des cicatrices dont vous êtes couverts; je n'évoquerai pas les mânes de ces malheureux qui, incapables de supporter leurs maux et d'en punir les auteurs, se sont donné la mort, seule ressource que laissent à l'homme la faiblesse et la lâcheté. Je laisserai dans la paix du tombeau ces tendres enfans que des mères désespérées ont étouffés dans leur berceau. Non, je ne vous rappellerai pas ces souvenirs cruels, que le temps n'efface jamais. Cependant nos ancêtres, nos amis, nos femmes, nos enfans, l'Afrique enfin demandent vengeance, et ne sont pas encore vengés! repentons-nous, unissons-nous, et que le cri *Liberté* se fasse entendre pour la première fois sur ce rivage détesté.

TOUS, *s'écriant.*

Libetté! Libetté!

TELEMAQUE.

Fille de la natura, elle appartient à tous les hommes. La lâche s'en laissa dépouiller, et gémit en silence; l'homme courageux, surpris ou égaré, peut tomber dans les fers. Mais bientôt rappellant son énergie, cédant aux mouvemens d'une juste indignation, il secoue ses chaînes, elles tombent et écrasent ses tyrans.

TOUS, *tombant à genoux.*

Salut, bonne libetté, salut.

TELEMAQUE.

Que cet enthousiasme est beau! qu'il est d'un heureux augure! (*On se relève.*) Cependant je ne vous dissimulerai pas les périls qu'il vous faudra affronter. L'entreprise est dangereuse autant qu'elle est honorable. Les blancs sont accoutumés au meurtre, et nous ne savons que souffrir. Ils ont fait de la guerre un art terrible, et sans ressources dans notre génie, sans armes que celles du désespoir, nous n'avons pour nous que la justice de notre cause, une fureur aveugle, qui peut être impuissante, et si nous succombons, les plus affreux supplices nous sont réservés. Défendons-nous jusqu'au dernier soupir. Qu'une mort glorieuse soit au moins l'objet de nos derniers vœux. Hé! n'est-elle pas préférable à l'infâmie dont nous sommes couverts, à la vie déplorable que nous traînons, à la vieillesse affreuse qui nous attend?

TOUS.

Oui, nous vlé libetté, ou mouri.

TELEMAQUE.

Qu'il m'est doux de vous voir partager mes transports ! mes amis, je viens de vous mettre à une épreuve que je croyais nécessaire. Avec quel plaisir je reconnais combien elle était inutile. Je vous ai peint des dangers exagérés sans doute : examinons maintenant les avantages que nous offrent notre courage, notre patience, notre sobriété.

Deux républiques nègres se sont élevées au milieu des blancs, et reposent aujourd'hui sur des bases inébranlables. D'abord peu nombreux, comme nous, mais comme nous déterminés à mourir ou à vaincre ; persévérans dans leurs projets ; trouvant bientôt une armée dans l'affection de leurs frères, comme nous trouverons dans les nôtres les ressources qui nous manquent encore ; se retirant aujourd'hui dans des rochers inaccessibles ; demain se répandant dans la plaine comme un torrent destructeur, et portant avec eux la dévastation et la mort ; emportant dans leur retraite les riches moissons qu'avaient cultivé leurs mains ; harcelant, fatiguans sans relâche un ennemi que sa mollesse leur livrait quelquefois sans défense ; élevant des remparts, livrant des batailles, se consolant d'une défaite par l'espérance d'une victoire, et voulant être libres enfin, n'ont-ils pas forcé les blancs à dépouiller leur fierté, à traiter avec eux en égaux et à consacrer leur indépendance ? Nègres de Sarmaça et de la Jamaïque, mes héros et mes modèles, comme vous, nous détestons l'esclavage ; comme vous, nous adorons la liberté ; comme vous, nous trouverons dans nos rochers des retranchemens formés par la nature. C'est de là que partiront des coups d'autant plus sûrs qu'ils seront moins attendus. C'est là que nous jouirons enfin de nous-mêmes sans superflu, mais sans besoins ; sans orgueil, mais sans bassesse ; sans lois peut-être, mais sans vices. C'est alors que l'univers étonné, connaîtra ce que peuvent des hommes libres. Amour sacré de l'indépendance, à toi seul appatient le droit de produire des héros et de faire des prodiges.

SCIPION.

Vif, vif Telemaque.

TOUS.

Li va gonvené, li va commandé nous.

TELEMAQUE.

C'est moi que vous daignez choisir !

TOUS.

Vif, vif Telemaque.

TELEMAQUE.

Je ne le dissimule pas, je suis flatté de cet honneur et je saurai le mériter. Vous jurez donc de m'obéir ?

TOUS.

Oui, jusqu'à mouri.

TELEMAQUE.

Je reçois vos sermens, recevez aussi les miens. Je jure de combattre, de vaincre et de mourir pour vous; [illegible] donner l'exemple de la fermeté, de la constance, de la [illegible]ation; de m'oublier moi-même pour ne m'occuper que de mes frères, et d'obéir à mon tour quand ils me l'ordonneront.

TOUS.

Vif, vif Telemaque.

SCIPION.

Môh, malditiou sus blancs. Yo va souffri bourcaux là, yo va mouri.

TOUS.

Oui, nous vlé vengeance; vengeance.

TELEMAQUE.

Ah ! je respire enfin. Le voilà donc ce jour de la justice, si long-temps attendu. Elle sera terrible ; les blancs n'en pourront accuser qu'eux Allez goûter un moment de repos. Le jour commence à paraître ; bientôt on vous appellera au travail. Rassemblez-vous selon votre coutume, et laissez écouler la journée. Vers le milieu de la nuit, soyez à la porte du colon ; je vous introduirai. Allez, préparez-vous à frapper.

ZAME, *avec effroi.*

Bon ami, et son fils?

TELEMAQUE, *vivement.*

Beauval ! mon ami, le vôtre ! il vivra pour le bonheur des hommes ; il vivra, et vous le permettrez. Vous êtes sensibles aussi à la reconnaissance.

TOUS.

Oui, paddon, paddon pou li.

SCIPION.

Li mérité couleur à nous. Mais pou tous aut la sans paddon.

TOUS.

Sans paddon.

TELEMAQUE.

Ecrasons nos tyrans, sacrifions-les à notre sûreté. Nous serons généreux, quand nous cesserons de les craindre. Allez, mes amis, soyez prudens et discrets, et que l'éclair ne parte qu'avec la foudre (*Les negres rentrent dans leurs cases.*)

SCENE

SCÈNE IV.

TÉLÉMAQUE, *seul.*

Ce jour est donc le dernier de nos jours d'esclavage. Demain le soleil éclairera des hommes libres et vengés. Quelles grandes destinées se préparent en ce moment! cent malheureux osent conspirer dans l'ombre et proclamer la liberté de la moitié du monde; et c'est sur moi que repose l'exécution de ces vastes et magnifiques projets! puissé-je, plus heureux que ceux qui m'ont précédé dans la même carrière, changer les destinées de l'Afrique, et faire bénir mon nom des siècles à venir.

Et ce jeune homme, qui nous est si cher, et que nous avons promis d'épargner.... si dans les ténèbres et le désordre, un bras furieux, égaré, le frappait avec les victimes... des larmes vaines et tardives ne consoleraient pas l'amitié. Il faut l'éloigner de ces lieux; il le faut; je le dois, je le veux. = Laisser entrevoir nos desseins! les confier à un homme que l'intérêt personnel, l'habitude de l'autorité, les jouissances du luxe, de la vanité, de la mollesse peuvent porter à révéler cet important mystère!... Que dis-je? ces faiblesses sont d'un blanc: dès long-temps Beauval ne l'est plus. Ses principes, ses vertus, l'amitié, tout me répond de lui. J'oserai déposer mon secret dans son sein; et à force de confiance et d'estime, je le réduirai au silence.

SCÈNE V.

TELEMAQUE, BEAUVAL *fils, sortant de la grande case.*

TELEMAQUE, *avec un morne sang-foid.*

Déjà debout?

BEAUVAL *fils.*

J'ai eu un sommeil pénible et souvent interrompu. J'ai cru même entendre des cris.....

TELEMAQUE.

Tu ne t'es pas trompé.

BEAUVAL *fils.*

Tu n'as donc pas dormi ?

TELEMAQUE.

Non, je n'ai pas dormi.

BEAUVAL *fils.*

Quand le cœur souffre, le sommeil fuit.

TELEMAQUE.

Il reste au cœur qui souffre l'espérance et le temps

BEAUVAL *fils.*

Puissent-ils te consoler !

TELEMAQUE.

Ils me consoleront.

BEAUVAL *fils.*

J'ai déploré le sort de Zamé......

TELEMAQUE.

Ne parlons plus de cela.

BEAUVAL *fils.*

Et je n'ai pas perdu tout espoir. Je m'exposerai à la colère de mon père ; je le verrai à son réveil.

TELEMAQUE.

Ton père dort ! ton père peut dormir !

BEAUVAL *fils.*

Tu l'accuses, et je ne puis te blâmer.

TELEMAQUE.

Non, je ne l'accuse plus.

BEAUVAL *fils.*

Quel étonnant sang-froid !

TELEMAQUE.

Ne faut-il pas se vaincre soi-même ?

BEAUVAL *fils.*

Heureux encore l'infortuné qui en a le courage.

TELEMAQUE.

Malheur à qui ne l'a point ! L'homme le plus heureux n'est pas à l'abri des revers. Que lui reste-t-il lorsque la fortune l'abandonne ?

BEAUVAL *fils.*

L'active et compatissante amitié.

TELEMAQUE.

Oui, quand il n'a pas mérité son sort.

BEAUVAL *fils, l'examinant attentivement.*

Mon ami, tu m'inquiètes.

TELEMAQUE.

Je suis calme.

BEAUVAL *fils.*

Ce calme est effrayant; il annonce la tempête.

TELEMAQUE, *avec abandon.*

Quand on sait la prévoir, on doit s'y préparer.

BEAUVAL *fils.*

Que signifient ces mots entrecoupés, ce regard sombre, cette démarche incertaine ? malheureux, explique-toi. Ne me laisse pas davantage dans cette horrible anxiété. Parle, parle par pitié pour ton ami. Que médites-tu ? que veux-tu ?

TELEMAQUE.

Te sauver.

BEAUVAL *fils, avec effroi.*

Me sauver ! hé ! qui veux-tu perdre ?

TELEMAQUE.

Beauval, l'air qu'on respire ici ne te convient plus. Eloigne-toi seulement pour un jour : il le faut, je t'en prie.

BEAUVAL *fils.*

Je ne te quitte point. Un secret affreux t'oppresse, il est prêt à s'échapper. Parle au nom de l'amitié la plus tendre et la plus malheureuse.

TELEMAQUE.

Auras-tu la force de m'entendre ?

BEAUVAL *fils.*

Je le crois.

TELEMAQUE, *lui prenant la main.*

Mon jeune ami, du courage, de la résignation, je vais parler.

BEAUVAL *fils.*

Je frisonne.... poursuis.

TELEMAQUE.

Ta fortune est perdue.

BEAUVAL *fils, hors de lui.*

Après ?

TELEMAQUE.

Et les blancs... malheureux jeune homme, les blancs !... éloigne-toi, éloigne-toi si tu veux vivre. Demain je n'aurai plus rien à t'apprendre.

BEAUVAL *fils.*

Les blancs !... hé bien, les blancs ? tu en as trop dit pour ne pas achever.

TELEMAQUE.

J'en ai dit assez pour être entendu.

BEAUVAL *fils.*

Oui, je t'entends, cruel. Quel horrible dessein oses-tu concevoir !

TELEMAQUE.

Jeune homme, oserais-tu le blâmer ?

BEAUVAL *fils.*

Tremper tes mains dans le sang de mon père !

TÉLÉMAQUE.

Qui pardonne au coupable, en devient le complice.

BEAUVAL *fils, sanglotant.*

Grace, grace pour mon père !

TÉLÉMAQUE.

Le jugement est porté, il est irrévocable.

BEAUVAL *fils.*

Et par un silence coupable je le livrerais à vos coups !

TÉLÉMAQUE.

Je compte sur ta prudence.

BEAUVAL *fils.*

Dis donc sur ma férocité.

TÉLÉMAQUE.

Tu es un traître, si tu parles.

BEAUVAL *fils.*

Je suis un monstre si je me tais.

TÉLÉMAQUE.

Tu foules à tes pieds l'humanité souffrante.

BEAUVAL *fils.*

Barbare, commande-t-elle un parricide ?

TÉLÉMAQUE.

Permet-elle de sacrifier les opprimés à l'oppresseur ?

BEAUVAL *fils.*

Je ne discuterai pas ; je sauverai mon père.

TÉLÉMAQUE.

Tu nous traînes au supplice.

BEAUVAL *fils*, *sortant.*

Je mourrai de douleur, mais j'aurai fait mon devoir.

TÉLÉMAQUE, *le ramenant.*

Jeune homme, écoutez-moi. L'enthousiasme vous égare : réfléchissez avant d'agir. Je vous ai confié un secret dont vous ne devez l'aveu qu'à une estime que je croyois fondée. Je suis comptable au moindre noir de l'usage que vous ferez de ma confiance. Que dirai-je à ces malheureux, qui n'ont peut-être d'autre tort que de ne vous pas envelopper dans leur vengeance ? que direz-vous à l'aspect des tourmens où votre indiscrétion va les livrer ? Vous maudirez votre aveugle tendresse ; vous en détesterez les funestes effets. Vos yeux ne se fixeront plus sur un noir, que votre ame flétrie et humiliée ne succombe sous le poids du remords. Laissez les considérations personnelles. Le véritable parricide est celui qui tue la liberté des nations. Consultez votre probité, les droits des hommes, la justice éternelle. Interrogez votre conscience ; voilà le juge incorruptible qu'il faut seul écouter.

SCÈNE VI.

BEAUVAL *fils*, *seul*.

Me voilà donc entre mon père et les noirs ! il faut les perdre pour le sauver ! cruelle alternative ! ... et je n'ai qu'un moment, et ma raison impuissante... (*Après un temps, il reprend vivem nt.*) Mon père vivra. Télémaque ne consulte que ses intérêts : je n'écouterai, moi, je ne suivrai que la nature. La nature ! et cette confiance dont je ne craindrais pas d'abuser?... Ces noirs qui m'estiment, qui m'aiment, qui veulent sauver mes jours... moi, les assassiner ! ô mon père ! mon père ! le sacrifice est impossible. Non, je ne puis le consommer. Quelle situation ! elle est insupportable. Inspire-moi, mon Dieu : mon cœur est innocent, et je n'ai que le choix du crime.

SCÈNE VII.

BEAUVAL *père*, BEAUVAL *fils*.

(*Pendant cette scène les noirs vont au travail.*)

BEAUVAL *père*.

Je vous rencontre à propos. Terminons des débats qui n'ont que trop duré. Rétablissons la paix dans une maison que votre violence et ma sévérité perdraient peut-être sans retour. Que l'harmonie et la confiance se rétablissent entre nous. Chacun a eu des torts : éloignons ces souvenirs fâcheux ; et désormais moins exigeans, moins attachés à la rigidité de nos principes, vivons heureux du bonheur l'un de l'autre. Mon fils, revenez à votre père, c'est lui qui vous y invite ; il vous offre son amitié, il demande la vôtre, et vous ne lui résisterez pas.

BEAUVAL *fils*, *en désordre*.

Mon père ! mon père !

BEAUVAL *père*.

Je t'entends. J'ai été trop loin, je le sais. Je t'ai affligé dans tes amis : j'adoucirai leur sort; je te le promets, mon fils.

BEAUVAL *fils*, *d'une voix étouffée*.

Il n'est plus temps, il n'est plus temps.

BEAUVAL *père*, *affectueusement*.

Est-il trop tard pour nous aimer et nous entendre ? Beauval, mon ami, mon fils, reviens à moi, et tu seras content de ton père.

BEAUVAL *fils*, *hors de lui*.

Tant de bonté m'accable : je n'y étais pas préparé... je ne me connais plus... que résoudre, que faire ?

BEAUVAL *père*, *lui ouvrant les bras*.

M'ouvrir ton cœur; le mien t'attend, le mien t'appelle.

BEAUVAL *fils*, *se jetant dans ses bras*.

Ah! c'en est trop, je ne résiste plus.

BEAUVAL *père*.

Ainsi donc, unis d'affection et d'intérêts, tu n'emploieras ton ascendant sur les noirs qu'à les rendre laborieux, dociles et soumis.

BEAUVAL *fils*, *égaré*.

Soumis, dites-vous, mon père?

BEAUVAL *père*.

Votre état tient du délire; que dois-je en augurer?

BEAUVAL *fils*, *se contraignant*.

Votre tendresse qui ne se dément jamais... votre retour inespéré... ma surprise... ma joie... je répondrai par une soumission sans bornes aux avances trop flatteuses que vous avez daigné me faire. Vous m'avez prescrit de voir le monde : je le verrai;

mais avec vous, mon père. Vous guiderez mon inexpérience, et vous partagerez mes plaisirs. Partons pour le Cap, partons à l'instant même. Nous avons également besoin de nous remettre des secousses violentes qui nous ont agités hier.

BEAUVAL *père.*

Pense donc que nos travaux sont en pleine activité, et qu'il faut la surveillance du maître. Tu iras, mon ami; moi, je resterai.

BEAUVAL *fils, avec effroi.*

Vous resterez!... vous resterez!.. non, vous ne resterez pas, mon

BEAUVAL *père (à part).*

Il se passe quelque chose d'extraordinaire.

BEAUVAL *fils, feignant avec mal-adresse.*

On dit qu'il est arrivé des vaisseaux d'Europe, et mille nouvelles intéressantes...

BEAUVAL *père, l'examinant attentivement.*

On vous a trompé. Il ne'st pas arrivé de vaisseaux.

BEAUVAL *fils, embarrassé.*

On en attend, du moins. L'économe conduira les travaux; rien ne souffrira de votre absence. Venez, venez, je vous en supplie. Répondez à mon empressement par quelque condescendance.

BEAUVAL *père, à part.*

Son trouble, l'opiniâtreté de ses instances... quel soupçon s'élève dans mon ame!

BEAUVAL *fils, suppliant.*

Hé bien, mon père!

BEAUVAL *père, le fixant.*

J'irai demain, mon fils.

BEAUVAL *fils*, *hors de lui.*

Demain, mon père, demain !.. (*sanglotant*) Aujourd'hui ! aujourd'hui !

BEAUVAL *père.*

Il fixe son fils avec sévérité, & après un tems : Vous êtes l'ami des noirs ; vous prétendez m'entraîner au Cap. On conspire contre moi.

BEAUVAL *fils*, *épouvanté & très-vivement.*

Je n'ai pas dit cela, mon père.

BEAUVAL *père.*

Vous avouez en ce moment.

BEAUVAL *fils.*

Qu'ai-je avoué, grand Dieu !

BEAUVAL *père.*

C'est assez, monsieur. Epargnez-vous la honte attachée au mensonge ; cessez de vouloir m'en imposer. Oui, je vais au Cap, et j'y vais seul. Dites à ceux dont vous connaissez les complots, dont vous dirigez peut-être les projets, que leur audace ne demeurera pas impunie.

BEAUVAL *fils*, *le suivant.*

Attendez... arrêtez... écoutez.

BEAUVAL *père*, *le repoussant.*

Laissez-moi, laissez moi. Je vous entendrai peut-être quand j'aurai sauvé votre père et votre fortune.

SCÈNE VIII.

BEAUVAL *fils*, *seul.*

Il tombe accablé sur le tertre, & après un silence : Il sait tout ? que m'est-il échappé qui lui ait laissé entrevoir... il sait tout ! que vont-ils devenir !

SCÈNE IX.

TELEMAQUE, BEAUVAL *fils.*

TÉLÉMAQUE.

Ton père te quitte ; tu n'oses me fixer : tu viens de commettre un crime.

BEAUVAL *fils.*

Tout est découvert ; vous êtes perdus : je suis au désespoir.

TÉLÉMAQUE.

Malheureux, qu'avez vous fait !

BEAUVAL *fils.*

J'ai voulu sauver mon père. Mon désordre, mon trouble, l'ont éclairé sans doute. Il a tout prévu, il va tout prévenir. Il est allé au Cap ; il n'y a pas un moment à perdre.

TÉLÉMAQUE.

Les noirs sont trahis, livrés ; et c'est par toi ! je n'ai pas dû le prévoir : à peine puis-je le croire encore. Ingrat jeune homme !

BEAUVAL *fils.*

Venge-toi, épargne-moi le reproche. Mon juge suprême est là. (*Il montre son cœur.*)

TÉLÉMAQUE.

Oui, tu seras puni, et bien cruellement. (*Il tire un poignard.*) Vois-tu ce fer ? il terminera mes déplorables jours au moment où j'aurai perdu tout espoir. Je défie l'univers. Je suis encore le maître de mon sort.

BEAUVAL *fils.*

Et c'est moi qui te réduis à cette affreuse extrémité. Frappe, frappe par pitié, je t'en conjure à genoux.

TÉLÉMAQUE, *furieux.*

Où est ton père ? quelle route a-t-il pris ?

BEAUVAL *fils.*

Tu ne le sauras pas... tu ne le sauras pas.

TÉLÉMAQUE, *revenant sur lui-même.*

Pardon, pardon ! Je n'ai pas dû le demander.

BEAUVAL *fils.*

Je le dérobe à ta vengeance ; j'ai trahi votre secret : frappe, dis-je, tu me vois résigné.

TÉLÉMAQUE.

Jeune insensé, relève-toi. Laisse aux femmes, aux enfans, ces ridicules et vains éclats. Relève-toi, te dis-je. Je ne puis que te plaindre et t'aimer.

BEAUVAL *fils, se relevant.*

Dieu ! Télémaque me pardonne.

TÉLÉMAQUE.

Ma haine ne me rend pas injuste. Exiger que tu m'immoles la nature, c'est imiter les barbares que je prétends punir. C'est moi seul que je dois accuser. Moins aimant, moins inquiet pour le fils, je me serais tû, et le père tombait sous mes coups. Nous avons fait tous deux notre devoir. Je ne te reproche rien, et je t'estime encore.

BEAUVAL *fils.*

Et tu es sans alarmes ?

TÉLÉMAQUE.

M'en crois-tu susceptible ? je sonde la profondeur de l'abyme, et je n'en suis pas étonné. Ton père est allé au Cap ; une force armée va le suivre : c'est moi qui le préviendrai. Ce qui est arrêté pour cette nuit sera exécuté à l'heure même. Eloigne-toi. Fuis ce spectacle de dévastation, d'incendie et de mort.

BEAUVAL *fils*.

Mon père est en sûreté : que m'importe le reste !

TÉLÉMAQUE.

Il faut prendre un parti, et tu n'as qu'un moment.

BEAUVAL *fils, après un temps*.

J'embrasse celui de la justice et de l'humanité.

TÉLÉMAQUE.

Tu nous suivrais?

BEAUVAL *fils*.

J'y suis résolu.

TÉLÉMAQUE.

La misère nous accompagnera.

BEAUVAL *fils*.

Je la supporterai.

TÉLÉMAQUE.

Tu le veux?

BEAUVAL *fils*.

Je n'ai point à balancer. Je connais mon père. Il ne me pardonnera jamais le mal que vous allez lui faire. Son cœur m'est fermé sans retour. Je m'attache à toi, je ne te quitte plus, nous sommes inséparables. Je partagerai vos succès, je vous consolerai dans vos disgraces ; et si vous vous perdez, je me perds avec vous.

TÉLÉMAQUE.

Je te reconnais, et je retrouve mon ami. Va m'attendre au pied du morne bleu. Dans deux heures j'y serai avec ma troupe.

Quand j'y paraîtrai, il ne te restera plus rien au monde que mon amitié, mes tendres soins, mon zèle infatigable. Pussent-ils te consoler de tes sacrifices, et te les faire oublier!

Télémaque monte les rochers ; Beauval fils sort par le côté droit. Le rideau tombe.

FIN DU TROISIÈME ACTE

ACTE IV.

Le théâtre représente des rochers escarpés. Vers le fond, à droite du spectateur, est une caverne, dont l'entrée est garnie d'une espèce d'abri en branchages.

SCÈNE PREMIÈRE.

TÉLÉMAQUE, SCIPION, ZAMÉ *dans le fond, arrangeant l'abri de branchages;* NEGRES, NÉGRESSES, *armés de ce qu'ils ont trouvé sous leur main.*

TÉLÉMAQUE.

Ainsi nos premiers pas sont marqués par des succès. La victoire, souvent aveugle, a suivi la cause de la justice et de la liberté. Un choc terrible; la mort plânant sur les blancs consternés, et marquant à loisir ses victimes; la plus noble audace signalant vos moindres coups; l'escorte de Beauval père, enfin, écrasée ou mise en fuite; et la gloire, pour prix de vos efforts, consacrant votre indépendance: voilà ce qu'a produit cette grande, cette inconcevable journée. Puissent celles qui la suivront, être de même immortelles!

Allez prendre les postes que je vous ai désignés: soyez actifs et vigilans; le ciel fera le reste. Demeure, Scipion.

Le nègres & négresses gravissent les rochers, & disparaissent.

SCÈNE II.

TÉLÉMAQUE, SCIPION, ZAMÉ *dans le fond.*

TÉLÉMAQUE.

N'oublions pas cependant qu'un premier succès nous expose

à des dangers sans cesse renaissans. Les blancs vaincus et humiliés reviendront en force, égarés par l'espoir d'effacer un affront qui pèse à leur orgueil. Prépare tout pour les recevoir. Que les plus braves gardent les hauteurs qui dominent ces gorges par où seulement l'ennemi peut pénétrer. Nous n'avons point d'armes encore : sers-toi de celles que la nature a placées sous nos pas. Dépouille ces monts arides, dont les cimes, blanchies par les siècles, semblent braver les hommes et le temps. Que ces masses effrayantes et terribles se détachent sous vos bras nerveux ; qu'elles soient prêtes à rouler au fond des abymes : que leur surface immense menace les bataillons entiers, et que leur poids, multiplié par la rapidité de leur chûte, les écrase à-la-fois, et les enfonce dans le tombeau.

SCIPION.

Nous va fai ça tout à l'aue.

TELEMAQUE.

Va, mon ami, je te rejoindrai bientôt ; bientôt je hâterai, je partagerai vos travaux.

Scipion sort. Télémaque s'assied sur un quartier de roche, & réfléchit.

SCÈNE III.

TELEMAQUE, ZAMÉ *continuant d'arranger les branchages.*

ZAMÉ.

Voilà donc la retraite que la nature offre à l'amour. Cet ombrage te semblera plus frais, cette grotte plus riante, quand ils seront arrangés par mes mains. (*Elle vient à Télémaque.*) Tu t'es occupé de tes devoirs : je viens d'en remplir de bien doux. Voilà ton asyle, jettes-y un coup-d'œil ; par-tout tu recon-naîtras

naîtras mon cœur. Un banc de gazon, une table de pierre, un lit de feuillages, des fruits sauvages mais savoureux, une eau claire comme le crystal de ces roches; voilà tout ce que Zamé peut t'offrir. Tu attacheras quelque valeur à ces objets, dont la simplicité nous rapproche de nous-mêmes. Viens, viens: ici, nous ne sommes plus esclaves; ici, nous redevenons les enfans de la nature: n'écoutons et ne suivons qu'elle.

TÉLÉMAQUE.

Cette journée est toute à la patrie et à la gloire.

ZAMÉ.

Tu as des jours, des mois, des années à donner à ta nouvelle patrie: On ne trouve souvent qu'un moment pour l'amour. Ah! combien dureront encore ces cruelles alarmes?

TÉLÉMAQUE.

Zamé, la liberté est douce, mais on n'y arrive souvent qu'à travers les écueils.

ZAMÉ.

Si ce passage est nécessaire, il est au moins bien douloureux. O hommes! ne parviendrez-vous à vous entendre qu'en commençant par vous déchirer?

TÉLÉMAQUE.

Ils ont justifié nos excès.

ZAMÉ.

Ils sont vaincus; cette retraite est sûre: il est si doux de pardonner.

TÉLÉMAQUE, *avec force.*

Pardonner, à des tigres!

ZAMÉ.

Veux-tu leur ressembler ?

TÉLÉMAQUE, *avec sentiment.*

Ah ! par grace, Zamé, ne t'expose pas au juste mépris de tes compagnes. Vois ces femmes qui, dans la chaleur du combat, intrépides et calmes auprès de leurs époux, ont, par d'incroyables efforts, déterminé la victoire ; vois-les, te dis-je, animées du plus beau zèle, se préparer à de nouveaux dangers. Et toi, toi à qui je confiais le dépôt et le soin de ma gloire, tu tromperais un si doux espoir ! incertaine et tremblante, tu voudrais m'inspirer tes alarmes et ta faiblesse ! .... ah ! Zamé, Zamé !

ZAMÉ.

Ma faiblesse ! n'est-il donc de grandeur qu'au milieu du carnage ? vois à ton tour ce jeune et sensible Beauval. La mort ne l'effrayait point. Elle volait autour de lui ; il ne voyait que ses victimes. Avare du sang des hommes, il ne pensait qu'à arrêter celui qui coulait de leurs blessures. Que d'infortunés ses généreux soins soulagent en ce moment ! combien il en va rendre à la vie ! cette gloire simple et douce, moins brillante, mais plus vraie, est-elle indigne de toi ?

TÉLÉMAQUE, *reprenant son énergie.*

Beauval avait-il des fers à rompre, une maîtresse à venger ?

ZAMÉ.

Ah ! tu m'as trop vengée.

TÉLÉMAQUE.

S'échauffant par degré jusqu'à la fureur. Mathieu, l'infame Mathieu a reçu la mort de moi, de moi qu'il a mille fois outragé. Je n'avais plus qu'un coup à porter, et j'étais satisfait. Dans la mêlée j'avais entrevu Beauval père; il semblait me défier, et déjà je m'ouvrais un passage pour arriver jusqu'à lui. Un gros de combattans nous éloigne l'un de l'autre et nous ravit le plaisir cruel de nous entr'égorger. Il reviendra sans doute; je l'attends avec impatience. Les tourmens qu'il ordonna de sang froid, ces tourmens qui ont brisé mon ame, ces tourmens toujours présens à ma mémoire, voilà le gage d'une haine implacable, éternelle, qui veut, qui demande du sang, que rien ne peut assouvir. Qu'ils tombent, qu'ils périssent ces monstres que la nature a vomis dans sa colère. Qu'on ne me parle plus ni de pitié, ni de clémence. Point de pacte entre le crime et la vertu. (*Il sort brusquement.*)

SCENE IV.

ZAMÉ, *seule*.

Il me laisse. Il sait aimer encore, et ne sait plus m'entendre. Moi qui ai tant souffert, j'ai tout oublié près de lui: lui seul ne veut rien oublier. Il a trouvé le bonheur; il cherche des combats. Ah! reviens, reviens à cette douce sympathie qui confondit si long-temps nos ames, par qui nous n'avions qu'un desir, qu'une volonté, qu'un sentiment. Tu penses à me venger! ah! bon ami, ton cœur, toujours ton cœur, rien que ton cœur. — Revoyons cette grotte: peut-être y pourrai-je ajouter quelque chose. Travailler pour ce qu'on aime, c'est tromper l'ennui de l'absence, c'est hâter le moment du retour. (*Elle arrange, elle va & vient, & entre dans la caverne lorsque Beauval père paraît. Celui-ci se glisse entre les rochers avec précaution. Il est dans le plus grand désordre.*

SCÈNE V.

BEAUVAL *père*, ZAMÉ, *dans le fond.*

Où suis-je ?... où porter mes pas incertains ? ... comment échapper aux dangers qui me poursuivent ? J'ai vu massacrer mon économe et mes amis du Cap. Barthelemi et moi, nous sommes presque les seuls qui se soient échappés, et nous ne devons la vie qu'au désordre inséparable d'un tel combat. Entraîné par la foule, jeté dans des routes inconnues, j'ai gravi ces rochers, où, loin de trouver un asyle, je ne rencontrerai peut-être que mes ennemis et la mort. Ah! nous avons réduit les nègres au désespoir ; et leur valeur, leur funeste valeur en a l'effrayant caractère. Le fer, le feu, rien ne les étonne, rien ne les arrête. Ils se précipitent, ils frappent, ils tombent, ils meurent ; mais ils nous entraînent avec eux. Ah! mon fils, mon digne fils, que de maux, que de regrets je me serais épargnés si j'avais pu te croire ?... Où es-tu ? tu n'as pas suivi ces barbares ; tu ne t'es pas armé contre ton propre père. T'ont-ils enveloppé dans la proscription ? te comptent ils parmi leurs victimes ? ah ! l'incertitude de ton sort rend le mien plus insupportable encore.

ZAMÉ.

Un blanc !.. comment a-t-il pénétré jusqu'ici ? (*Elle approche.*) C'est Beauval... c'est Beauval, grand Dieu !

BEAUVAL *père.*

Zamé ! les noirs sont ici ; tout est fini pour moi

ZAMÉ.

Malheureux, que voulez-vous ? que cherchez-vous ?

BEAUVAL *père.*

Je n'attends plus que la mort.

ZAME.

Elle est inévitable.

BEAUVAL *père.*

Je la recevrai du moins avec résignation.

ZAME.

Epargnez-moi cet horrible spectacle. Fuyez, au nom de Dieu, fuyez.

BEAUVAL *père.*

Où fuir? quel chemin prendre?

ZAME.

Je m'égare... je m'égare! la fuite est impossible : il n'y faut pas penser.

BEAUVAL *père, accablé.*

C'est donc ici qu'il faut mourir. Qu'ils viennent, je les attends. Je baisse la tête, je ferme les yeux, et je reçois le coup fatal sans me défendre, sans me plaindre... j'ai mérité mon sort! j'ai mérité mon sort!

ZAME, *vivement.*

Tu es capable de remords!

BEAUVAL *père.*

Hélas! c'est tout ce qui me reste.

ZAME.

Ce mot répare tout : tu mérites de vivre.

BEAUVAL *père.*

Et c'est toi qui me tiens ce langage! tu ne me livres pas!

ZAME.

Tu es homme, tu es malheureux, tu es sacré pour moi.

BEAUVAL père, *navré.*

J'ai fait couler ton sang.

ZAME.

Je sauverai le tien. Je m'expose sans doute: mais je fais une bonne action, je le sens à mon cœur.

BEAUVAL *père.*

Sensibilité, bienfaisance, générosité, tout ce qui honore les hommes, tu le réunis en toi. Tant de grandeur m'accable, tant de vertu me confond.

ZAME.

Je sais aimer, je ne sais point haïr. Mais ne perdons pas un temps précieux. Si tu étais découvert, rien ne pourrait te sauver. Suis-moi. Cette caverne va te cacher à tous les yeux. J'en éloignerai Télémaque. Cette nuit, je t'en sors en silence, je te conduits, je trompe nos sentinelles, je ne te quitte pas que tu ne sois hors d'atteinte.

BEAUVAL *père.*

Je m'abandonne à toi. Mais dis-moi : qu'est devenu mon fils ? ah ! rassure un trop malheureux père. Ont-ils épargné sa jeunesse ! m'ont-ils ôté plus que la vie ? de grace, réponds-moi : où est mon fils ?

ZAME, *l'entraînant vers la caverne.*

Il est ici ; il soulage l'humanité, il jouit de ses bienfaits.

BEAUVAL *père.*

Il vous est cher encore ! qui donc a-t-il combattu ?

ZAMÉ.

Hé ! pouvait-il combattre ? a-t-il des ennemis ?

BEAUVAL père.

Il a respecté son père ! ah ! combien je me sens soulagé !

ZAMÉ, *l'entraînant.*

Suis-moi, suis-moi donc,.. veux-tu que je te voie mourir. (*Le poussant dans la caverne.*) Sois immobile, silencieux et confiant.

SCÈNE VI.

ZAMÉ, *seule.*

Je suis contente de moi. Ce vieillard, si long-temps égaré, revient en un moment à la raison, à l'équité. Il nous eût détestés en tombant sous nos coups : il vivra pour nous connaître, nous aimer et nous bénir. La sensibilité a donc aussi ses conquêtes ! ah ! cette seule idée et m'élève et m'enchante. Que vois-je... encore un blanc qui fuit de ce côté... on le poursuit... on le gagne de vitesse... il est perdu ! (*Barthelemi entre en courant, éperdu, hors de lui. Les nègres le suivent à la distance de douze ou quinze pas. Barthelemi se jette dans la caverne : les nègres veulent y entrer après lui. Zamé se précipite à leur rencontre & les arrête.*)

ZAMÉ.

Un moment ... un moment... c'en est fait d'eux... l'espoir s'éteint dans le fond de mon cœur.

Elle étend les bras pour défendre l'entrée de la caverne.

SCÈNE VII.

ZAMÉ, NEGRES, TÉLÉMAQUE *accourant.*

Quel tumulte! quel bruit! on menace Zamé! elle est éperdue et tremblante.... malheureux, qu'osez-vous faire? vous attaquer à votre frère d'armes, l'outrager dans son épouse! (*Il se jette à l'entrée de la caverne.*) Le premier qui s'avance....

UN NÈGRE.

C'est gnion blanc après qui nous couri. Nous tené li la dedans.

TÉLÉMAQUE, *furieux.*

Un blanc dans cette caverne.... et c'est vous qui suspendez les coups.... vous frémissez! êtes-vous coupable? répondez, répondez.

ZAME, *tombant à ses pieds.*

Je n'ai rien à répondre. J'implore mon époux.

TÉLÉMAQUE.

Ton époux! c'est ton chef, c'est ton juge qui t'interroge. (*La relevant.*) Relevez-vous, éloignez-vous, je ne vous connais plus. (*Il entre dans la caverne.*)

ZAME, *presque évanouie.*

Mon sang se glace.... ma tête se perd.

SCENE

SCÈNE VIII.

LES PRÉCÉDENS, TELEMAQUE *traînant après lui Beauval père.*

TÉLÉMAQUE, *envisageant Beauval père.*

C'est lui! c'est lui!

ZAME.

Je succombe...., je me meurs.

TÉLÉMAQUE, *avec une joie féroce.*

Te voilà donc en mon pouvoir! ton supplice va commencer, je vais en repaître mes yeux. Il sera long, il sera cruel comme toi; tu demanderas la mort comme un bienfait, tu ne l'obtiendras pas. (*A Zamé.*) Toi, que j'ai tant aimée, que malgré ma fureur j'idolâtre peut-être encore, tu trahissais tes frères, ton époux, ta patrie! je combattrai mon indigne amour. Si je ne peux l'étouffer, je le réduirai au silence : j'en mourrai, je le sens; mais j'aurai été juste envers tout le monde... Elle ne m'entend plus : ses yeux se ferment, son ame l'abandonne. (*A Beauval père.*) Vois l'état où la réduit sa coupable pitié. Bourreau de mon épouse, tu l'assassines une seconde fois.

BEAUVAL *père, avec calme et dignité.*

Venge-toi sur moi seul, ménage cette infortunée. Le hasard a tout fait; elle est innocente.

TÉLÉMAQUE, *ivre de joie, aux nègres.*

Mes amis, entendez-vous?.... elle n'est pas coupable..... non, elle n'est pas coupable; le crime lui sera toujours étranger.

ZAME, *revenant à elle.*

J'ai voulu t'en épargner un.

BEAUVAL *père, à Télémaque.*

Qu'ordonnes-tu ?

TÉLÉMAQUE.

La mort.

BEAUVAL *père.*

Je t'aurais cru capable de pardonner.

TÉLÉMAQUE.

Pardonnas-tu jamais ? (*Aux nègres.*) A la mort. (*Les nègres le saisissent.*)

ZAME, *avec la plus grande force.*

Arrêtez, arrêtez. (*A Télémaque.*) Tu parlais de vertu, et tu vas massacrer le père de ton ami. Tu invoquais l'amour; tu ne le connus jamais : jamais ce sentiment ne s'allia à la férocité, jamais il ne résista au cri de la douleur. Rugis, malheureux, ravage, détruis, égorge, et ne me parle plus d'aimer. Tu me menaces d'un entier abandon. Ah ! fuis dans le fond d'un désert; laisse-moi seule avec mon innocence. Toi, tu reposerais sur mon sein, souillé du sang d'un homme qui t'implore, qui n'est plus à craindre, et pour qui vainement j'aurai demandé grace ! non. J'ai applaudi à des exploits nécessaires; je ne pardonnerai pas un lâche assassinat. Va, te dis-je ; sois la proie des passions qui te dévorent, des remords qui suivent les forfaits. Le ciel est juste, et tu tomberas un jour victime de tes propres fureurs.

SCÈNE IX.

LES PRECEDENS, BEAUVAL *fils*.

BEAUVAL *fils*.

Mon père ! .... mon père ! où le conduisez-vous ?

ZAME.

Ils vont l'assassiner.

BEAUVAL *fils*, *à Télémaque*.

Mon ami, arrachons-le de leurs mains.

ZAME.

Il dirige leurs bras.

BEAUVAL *fils*.

(*Il pousse un cri d'horreur*) Ah ! .... (*En se couvrant le visage de ses mains, & reprenant avec force.*) Tu ne le commettras pas ce crime abominable. A peine l'aurais-tu consommé, que, désespéré, avili à tes propres yeux, tu chercherais contre toi-même un asyle dans mes bras qui te repousseraient avec horreur. Fait pour les vertus comme pour la gloire, tu ne dégraderas point ton noble caractère. Tu as su combattre, vaincre ; tu feras plus, tu te vaincras toi-même : ce dernier triomphe est digne de toi. Non, tu ne joindras pas l'ingratitude à la cruauté. Je t'ai comblé de bienfaits. J'ai abandonné pour toi, fortunes, amis, parens, patrie. Tu m'as juré de me payer de tant de sacrifices. Je ne veux que la vie de mon père, et tu me l'a refuserais ! je l'embrasse, je le presse dans mes bras : oserais-tu l'en arracher ? que dis-je ? je le dépose dans les tiens. Le voilà. Je le livre à ta loyauté : je le confie à l'amitié, à la reconnaissance, à l'honneur.

TÉLÉMAQUE, *à Beauval père.*

Retourne parmi les tiens. Dis-leur : ces noirs, tourmentés, méprisés, avilis, sont capables de générosité. Leur chef a pu se venger; il m'a donné la vie. Ses soldats, magnanimes comme lui, l'ont entendu prononcer, et n'ont pas murmuré.

Zamé, Beauval père & fils le pressent dans leurs bras.

ZAMÉ.

Voilà la véritable grandeur. Ah! sois toujours mon amant, mon époux, mon héros. (*Barthelemi sort de la caverne, & se range près de Beauval fils.*)

BEAUVAL *père.*

Je reconnaîtrai ce procédé généreux. Tu m'accordes la vie; je l'emploierai toute entière à assurer votre commun bonheur. Oublions qu'il exista sur mon habitation un maître et des esclaves. Venez, mes amis, venez commencer votre fortune en m'aidant à relever la mienne. Mon fils, Télémaque, Zamé, oublions nos malheurs passés, au sein d'une aisance honnête, et d'une confiance réciproque, fondée sur l'estime, la reconnaissance, l'amour et l'amitié.

TELEMAQUE.

Ce dernier trait me désarme et t'acquiert mon estime. Braves compagnons, hâtons-nous de prouver à nos ennemis que l'oisiveté, le brigandage, l'injustice, ne nous ont pas mis les armes à la main. L'homme est né pour le travail. Retournons dans la plaine, fertilisons ces champs que nous venons de ravager; et puisse l'exemple de Beauval, en éclairant les colons sur leurs véritables intérêts, les déterminer enfin à consolider leur fortune par la justice et l'humanité.

FIN.

www.ingramcontent.com/pod-product-compliance
Lightning Source LLC
Chambersburg PA
CBHW060636100426
42744CB00008B/1649

* 9 7 8 2 0 1 2 1 6 6 1 1 0 *